Ines Leue

22 Seelenreisen in dein Zuhause in dir

Mit Hilfe von Heilreisen deine Seele verstehen

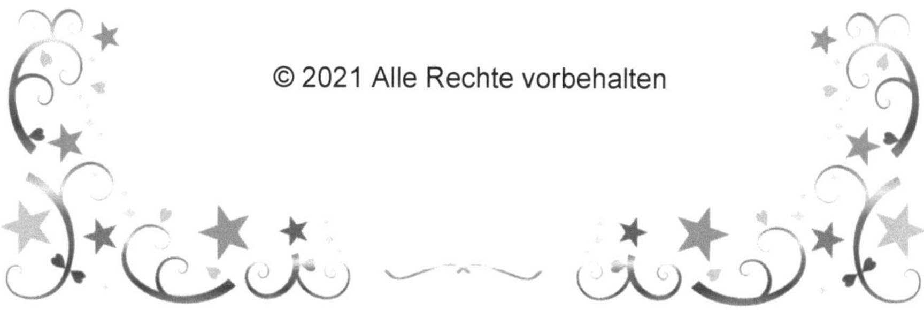

Bibliographische Information der Deutschen Nationalbibliothek
Die Deutsche Nationalbibliothek verzeichnet diese Publikation in der deutschen Nationalbibliographie; detaillierte bibliographische Daten sind im Internet über http://dnb.d-nb.de abrufbar.

Autor des Buches: Ines Leue

Layout und Satz des Buches: Angelina Schulze

Korrekturlesen: Bernd Maiwald

Umschlaggestaltung: Angelina Schulze

Coverbild: © Cary Peterson – Adobe Stock

Bilder im Buch: © kid_a – Adobe Stock (Sterneschnörkel)

Verlag: Angelina Schulze Verlag
Am Mühlenkamp 15, 38268 Lengede
verlag@angelina-schulze.com
https://angelina-schulze-verlag.de

1. Auflage Juli 2021: ISBN 978-3-96738-156-6

2. Auflage Mai 2023: ISBN 978-3-96738-257-0

Inhaltsverzeichnis

Einleitung

Jede Seele ist heil, auch wenn sie nur ein klitzekleiner Anteil eines großen Ganzen ist. Auch wenn sie klein ist, ist sie doch *immer* vollständig. Aus dem großen Ganzen ist sie gekommen und zum großen Ganzen wird sie zurückkehren, ohne jemals unvollständig gewesen zu sein.

Wir sind diese Seelen, du und ich. Wir verkörpern sie.

Wir alle sind geboren und entstanden, jeder für sich, zu seiner Zeit, mit einem bestimmten Auftrag.
Dennoch sind wir zeitlos.

Doch haben wir oft vergessen, woher wir kommen und warum wir hier sind. Deswegen fühlen wir uns unvollständig, eben nicht heil. Wir haben den (Rück-) Bezug zu unserem Zuhause verloren. Und so sehnen wir uns nach diesem Gefühl des heil und vollständig Seins, manchmal ohne es zu wissen.

Die Seelen-Reisen aus diesem Buch helfen dir, dich erinnern zu können an dieses Wissen. Du wirst den Ort in dir aufsuchen, an dem du Sicherheit zurückgewinnen wirst. Es ist ein Zurück-Erinnern an das, was du bist. Und das, was du bist, ist immer ganz und heil. Immer.

Keine Verletzung, kein Trauma, keine Demütigung, kein Misserfolg, kein Schaden, kein Verlust, keine enttäuschte Liebe können daran etwas ändern. Du musst dich nur daran erinnern.

Wenn du es tust, wird nach und nach die Sicherheit zurückkommen, die Sicherheit zu wissen, wer du bist und was dich ausmacht. Du wirst erkennen, dass du heil bist. Du wirst auch erkennen, dass du vollkommene reine Liebe bist.

Das wird dir eine Basis geben, die wie ein Fundament wirken kann. Von dem kann dich niemand und kein Ereignis stoßen. Du bist im Frieden mit dir und deiner Welt. Du fühlst dich geborgen.

Das bedeutet nicht, dass du fern ab von allem Weltlichen bist.

Im Gegenteil. Eben weil du mit deiner Seele verbunden bist, stehst du sicher im Leben, egal, was passiert. Du schaust mit Milde und Güte auf die anderen Menschen, weil du weißt, dass sie den gleichen und ewigen Teil wie du in sich tragen.

Alles kommt von einer Schöpfung. Alles kommt aus der Liebe.

Wenn du dir dessen immer sicherer bist, wirst du gelassen und unabhängig von den Ereignissen im Außen werden und dich dennoch von allem berühren lassen.
Unabhängig davon, was passiert, wirst du dich sicher fühlen, weil du Vertrauen ins Leben hast. Du genießt das Leben. Egal, wie andere Menschen sich verhalten, wie sie aussehen, wo und wie sie sind, weißt du, dass sie alle Facetten des einen großen Seins widerspiegeln, das auch in dir ist.

So bist du mit allem, was ist, verbunden, und stehst sicher im Leben, deine Wurzeln wachsen tief in die Erde hinein, und gleichzeitig fühlst du dich mit dem Universum verbunden.

Wenn du dich verbunden fühlst, hast du deine Seele verstanden. Weil du ihr zugehört hast. Und du hast das Leben verstanden, und lebst es. Genauso, wie es sich ereignet, mit Höhen und Tiefen.

Und auch, wenn du dies alles schon wissen solltest, tut es doch unendlich gut, sich immer wieder an das Wichtigste erinnern zu lassen. Oder?

Es tut gut zu wissen, welches dein Krafttier ist, zu wissen, wo dein Seelen-Ort ist, an den du dich zurückziehen und an dem du auftanken kannst, und es tut gut zu wissen, an wen du dich wenden kannst, wenn du einen guten Rat brauchst oder innere Führung benötigst.
Und es kann dich erfüllen, jede Facette deiner Seele zu kennen und mit ihr in Berührung zu sein. Weil du dann in Berührung und Verbindung mit *dir* selbst bist.

Also habe es schön im Land deiner Seele!

Tipps zur Durchführung

Natürlich ist es am schönsten, wenn man Reisen in das Land der Seele vorgelesen bekommt. Und vielleicht findest du Jemanden, der dir diese Reisen vorliest. Dieser Jemand sollte langsam lesen und so viel Entspanntheit und Ruhe in seine Stimme legen, wie es ihm möglich ist. Längere Pausen zwischen Sätzen und Abschnitten werden empfohlen.

Wenn du die Reisen selbst liest, dann lies sie so langsam wie möglich und lass jedes Wort/jeden Satz auf dich wirken.
Spüre bewusst, wie sich die Wirkung in dir entfaltet.

Schließe deine Augen so oft wie möglich.

Mache Pausen zwischen den Sätzen und gib dich deinen inneren Bildern und Gefühlen hin.
Wenn du Abschnitte im Text siehst, mache längere Pausen.

Jede Reise greift einen Schwerpunkt auf, sozusagen eine Facette deiner Seele. Mit ihr kannst du in Verbindung gehen und sie vielleicht das erste Mal kennenlernen. Wenn du sie bereits kennst, vertiefe die Verbindung. So wirst du dir immer mehr deiner Ganzheit bewusst.

Beginne mit der ersten Reise, die die Überschrift „Dein Zuhause" trägt. Dann kennst du den Weg in dein Inneres und hast eine Orientierung für die folgenden Reisen.

Den ersten Teil dieser ersten Reise kannst du auch immer wieder an den Beginn der anderen stellen, wenn es für dich einfacher ist. Denn diese werden jedes Mal ein wenig anders, manchmal schneller, manchmal aber auch themenspezifisch eingeleitet.

So hast du die Wahl, ob du lieber langsam und auf die gleiche Weise in dein Seelen-Zuhause kommen magst oder auch mal auf andere Art, wie es die weiteren Reisen manchmal vorsehen.

Ausrichten kannst du dich an den Abschnitten in jeder Reise. Das Ende der jeweiligen Einleitung ist gekennzeichnet.

So kannst du dich leichter orientieren, wenn du einen anderen Beginn wählen möchtest.

In den zwei Kapiteln dieses Buches findest du folgende Schwerpunkte:

Im ersten sind Seelen-Reisen beschrieben, in denen du gewisse Anteile von dir kennenlernen darfst.

Im zweiten findest du Seelen-Reisen, die mit Lebenserinnerungen verbunden sind und die Möglichkeit beinhalten, heilsame Erfahrungen zu machen.

Und hier noch wichtige Hinweise:

Lege oder setze dich bequem hin, so dass du die Reisen entspannt genießen kannst.

Sorge dafür, dass du für die Dauer deiner Entspannung nicht gestört wirst, stelle also Handy oder Telefon aus.

Kapitel 1:

Seelenreisen - Deine Anteile

Dein Zuhause

Schließe deine Augen und lege dich entspannt hin, so entspannt, wie es jetzt gerade für dich möglich ist. Versuche nicht, dich irgendwo hinzuzwingen, sondern übe dich darin, zu akzeptieren, was jetzt gerade ist.
Wenn es Aufregung ist, akzeptiere, dass du aufgeregt bist.
Wenn du unruhig bist, sage: Ja, ich darf unruhig sein.

Und dann spüre nach, was diese kleine Erlaubnis bewirkt.

Vielleicht bist du noch aufgeregt, vielleicht auch noch unruhig, und doch ist vielleicht eine kleine Veränderung eingetreten, eine Veränderung in Form einer Beruhigung, einer kleinen sanften Welle der Entspannung, einfach weil du zu dir selbst gesagt hast: JA, ich darf das. Was auch immer es ist.

Dann lenke deine Aufmerksamkeit auf deine Atmung, und beobachte, wie du immer tiefer in deinen Bauch einatmest, so dass sich dein Bauch hebt, sich dann dein ganzer Brustkorb weitet, bis es nicht mehr weiter geht. Und wenn du an diesem Punkt bist, dann versuche, für eine oder zwei Sekunden die Luft anzuhalten, bevor du sie vielleicht mit einem tiefen Seufzer wieder ausatmest und dabei alles loslässt.

Wiederhole diese tiefen Atemzüge und gebe in jede Ausatmung hinein, was du an körperlicher, emotionaler oder gedanklicher Spannung hineingeben magst.

Bleibe zunächst bei dieser Atmung, und sei entspannt dabei.
Amte einfach so aufmerksam und tief, wie es dir jetzt möglich ist.

Lass dich dabei immer weiter hinabgleiten, nicht nur in deine Matte oder deine Unterlage, sondern auch in die Tiefen deiner Seelenbilderwelt.

Beginne jetzt einfach mit dem ersten Schritt. Du gehst los, und vielleicht weißt du noch gar nicht, wo es dich hinführt. Das macht nichts. Du gehst trotzdem.

Und stelle dir vor, dass vor deinem inneren Auge eine Treppe erscheint. Die Treppe ist leicht geschwungen und hat ein Geländer. Es ist gut, dass du dich festhalten kannst.
Du gehst Stufe für Stufe auf dieser Treppe hinunter, ganz langsam und bewusst, doch auch zielstrebig.

Du bemerkst, dass sich langsam Vorfreude, vielleicht auch ein wenig Aufregung in dir ausbreiten, weil du gespannt bist auf das, was sich dir gleich offenbaren wird.

Die Stufen münden in einem größeren Raum, der wie ein Flur aussieht. Kerzen brennen in kleinen Kronleuchtern an den Wänden, ein runder Teppich liegt in der Mitte des Raumes. Seine Farbe ist orange-rot, er hat eine warme Ausstrahlung. Ein gemütliches kleines Sofa lädt dich zum Verweilen ein.

Du setzt dich hin. Die Lehne des Sofas ist hoch und du magst dich ganz tief hineinsinken lassen. So fühlst du dich geborgen und beschützt. Und ohne, dass es jemand sagen musste, bist du dir sicher, dass dir hier nichts passieren kann.

Dann schaust du auf eine Tür, die dir gegenüber liegt. Bisher hattest du sie nicht wahrgenommen, aber jetzt zieht sie deinen Blick auf sich. Wenn du genau hinschaust, siehst du ein Schild an der Tür, auf dem etwas in geschwungener Schrift geschrieben steht. Vielleicht musst du ein wenig näherkommen, um es entziffern zu können.
Und so stehst du auf und gehst zu dieser Tür.
Du liest, was auf der Tür geschrieben steht:

DEIN ZUHAUSE.

Ein Schwall von Wärme durchflutet deinen Körper, ausgehend von deinem Herzzentrum. Es ist, als wenn dein Herz plötzlich viel größer werden will und sich deswegen immer weiter ausdehnt.

Eine Welle von liebevoller Energie breitet sich in deinem Körper aus. Es fühlt sich *so* schön an. Und du genießt es eine Weile.

DEIN ZUHAUSE.

Du liest es noch einmal. Und du stehst immer noch vor dieser Tür. Du schaust auf den Türgriff. Es sieht so aus, als wenn deine Hand gut auf ihm liegen könnte. Er ist liebevoll verziert.
Unter dem Türgriff ist ein Schloss. Kein Schlüssel steckt darin. Diese Tür ist nur für dich. Das weißt du intuitiv.

Dann legst du ganz achtsam deine Hand auf den Türgriff, drückst ihn leicht herunter, öffnest die Tür und gehst langsam über die Schwelle.
Du schließt die Tür hinter dir, weil es dein Zuhause ist. Hier bist du sicher und so soll es auch sein.
(Ende der Einleitung)

Dann drehst du dich und siehst dich vielleicht das allererste Mal dort um.

Was siehst du in deinem Zuhause-Raum?

Wie groß ist er? Hat er überhaupt ein Ende?

Wie fühlt er sich an?

Was hörst du?

Lass alle Eindrücke auf dich wirken in einem Tempo, das dir guttut.

Und vielleicht magst du ein paar Schritte gehen oder dich einfach nur irgendwo hinsetzen und genießen. So, wie es für dich stimmig ist.

Niemand anderes weiß, wie dein Zuhause aussieht, aber es kann sein, dass die inneren Bilder sich gleichen: vielleicht bist du in einer wunderschönen Landschaft, vielleicht an einem zauberhaften Sandstrand, oder in einem paradiesischen Garten, vielleicht auch in einem geschmackvollen Haus.
Wie auch immer es ist, es ist dein Zuhause, und es ist ein Ort, an den du dich immer wieder zurückziehen und wo du dich ausruhen kannst. Hier kann dir nichts passieren, hier darfst du sein, wie du bist.

Alle Zuhause-Räume haben eins gemeinsam: sie strahlen Ruhe und Harmonie aus, sie wirken wie eine wunderschöne Melodie und vermitteln dir, wie es sich anfühlt, in liebevoller Geborgenheit zu sein.

Dein Zuhause ist voller Liebe.

Und egal, wo du hinschaust, du kannst überall nur Liebe entdecken. Im großen Ganzen und im Detail, in der Atmosphäre und in den Geräuschen, in den Gerüchen der Blumen und im sanften Plätschern eines kleinen Baches vielleicht.

Du genießt die Atmosphäre deines Zuhauses, und es reicht dir für den Moment voll und ganz. Du ahnst vielleicht, dass du später auf Entdeckungsreise gehen möchtest, aber jetzt willst du einfach nur genießen. Genießen, dass du hier einen Ort gefunden hast, an dem du auftanken und zur Ruhe kommen kannst, an dem du dich füllen kannst mit dem, was du bist:

Mit reiner Liebe.

Bleibe an diesem Ort, so lange du magst.

- Pause

...

Und dann entscheidest du dich zu gehen.

Verabschiede dich und gehe den gleichen Weg zurück, auf dem du hergekommen bist.

So erreichst du in deinem Tempo wieder die Tür, durch die du eingetreten bist.
Du öffnest sie, gehst hindurch und verschließt sie.

Und wieder bist du in dem Flur mit dem Sofa, auf dem du eben so schön gesessen hast. Du fühlst dich schon ganz vertraut in diesem Flur mit dem Sofa, und irgendwie spürst du Vorfreude auf das nächste Mal, wenn du wieder hierher zurückkommen wirst.

Jetzt gehst du die Treppe hinauf und kommst ganz langsam wieder an in deinem jetzigen Raum, in dieser Zeit, und du gönnst dir noch ein wenig Ruhe, bevor du in deinen Alltag zurückkehrst.

Dein Gefährte

Die Meditation beginnt und du freust dich darauf.

Du freust dich, wieder hineinzugehen in dein Zuhause.

Und deine Freude hilft dir, die Anspannung und Hektik des Tages Stück für Stück hinaus zu atmen.

Du verbindest beides: mit der Einatmung atmest du Freude ein und lässt sie größer werden, und mit der Ausatmung gibst du Anspannung nach draußen, so dass du alles, was du jetzt nicht benötigst und was dich bei der Meditation nur stören würde, loslassen kannst.

Und du bemerkst, dass du schon jetzt ein Freund wirst von diesem „einfach loslassen". Je öfter und bewusster du dies praktizierst, desto geübter wirst du darin und desto lieber tust du es, auch in deinem Alltag.

Bleibe bei deiner bewussten Atmung und atme weiter tief ein und aus. Dabei gehst du in deinem Tempo zu der Treppe, die du bereits kennst, und steigst Stufe um Stufe hinab, bis hin zu dem Flur, von dem aus dich die Tür in dein Zuhause führen wird.

Du siehst die Tür schon vor dir, entscheidest dich aber, zunächst auf dem Sofa Platz zu nehmen. Du lehnst dich an und lässt dich für einen Moment hineinsinken.

Dein Blick wandert zur Tür.

Du bist heute nicht das erste Mal hier, und genau *das* nimmst du ganz bewusst wahr.
Du siehst es als Privileg und genießt es.
Jetzt darfst du wieder hier sein.

Und deine Vorfreude steigt, denn du erinnerst dich noch genau an das geborgene Gefühl, das dieser Ort in dir ausgelöst hat.
Der Flur mit dem Sofa lässt dich schon vorfühlen, wie es gleich sein wird. Deswegen geht es dir ja so gut, und du lässt dich für einen weiteren bewussten Moment noch tiefer in die weiche Lehne fallen.

Dann stehst du auf und gehst zu der Tür mit der Aufschrift ZUHAUSE.
Wie vertraut es schon für dich ist, deine Hand auf den Türgriff zu legen, ihn herunterzudrücken und die Tür aufzuschieben.

Und wie von selbst gehst du schon über die Schwelle und hinein in dein Zuhause.
Und wie selbstverständlich schließt du die Tür hinter dir!
(Ende der Einleitung)

Du schaust dich um und dieses Mal entscheidest du dich, gleich weiterzugehen. Du möchtest mehr entdecken von deinem Zuhause, dort, wo du deiner Seele so nah bist. Und du erinnerst dich an die Frage, die du das erste Mal gehört hast:

Hat dieser Raum überhaupt ein Ende?

Du kannst es nicht eindeutig sagen, ein Ende hast du noch nicht erreicht, es fühlt sich eher so an, als wenn dein Zuhause unendlich ist. Denn jedes Mal, wenn du in *eine* Richtung schaust, scheint sich diese Stelle schon wieder verändert zu haben und sieht irgendwie ganz neu aus. Alles scheint unverbraucht, rein und so klar. Wie jungfräulich. Und eben irgendwie unendlich. Auch unendlich schön.

Jeder Moment ist bezaubernder als der andere.

Jede Blickrichtung hat ihren ganz eigenen Liebreiz.

Du scheinst leicht zu schweben. Das mag wohl daran liegen, dass du gar nichts tun musst, um in eine andere Richtung zu sehen oder dich woanders hin zu bewegen.

Es bewegt dich.
Du wirst bewegt.
Oder anders ausgedrückt: Du *bist* dieser Raum!

Dann ergreift dich plötzlich und doch ganz sanft eine Welle von Energie, für die du noch keine passenden Worte finden kannst, so groß ist sie, so warm, fast ein bisschen unergründlich.
Du staunst, weil sie so intensiv wirkt und sie dich dennoch nicht einschüchtert. Ganz im Gegenteil. Du scheinst fast auf diesen Moment gewartet zu haben, ja fast vorausgeahnt hast du diesen Zeitpunkt, an dem du Jemandem gegenübertreten wirst, der ganz außergewöhnlich ist. Und nun soll es soweit sein.

Viel weißt du nicht von ihm. Aber du weißt, dass er von reiner starker Natur ist und zu dir gehört, dass er dir zu jeder Zeit bedingungslos zur Seite steht, und dass er dir Kraft gibt immer dann, wenn du welche benötigst.
Du weißt, dass du bei ihm weinen und lachen kannst, dass er alle Sorgen aufnimmt, ohne dass du ein einziges Wort aussprechen musst.
Du weißt, dass er dich führt, wenn du dich führen lassen willst, dass er dich gehen lässt, wenn du gehen musst, dass er auf dich wartet, bis du wiederkommst, und dass er dich immer und zu jeder Zeit willkommen heißt.

Ein Jemand, der dich nie verlassen wird:

Dein Seelen-Gefährte.

Du spürst ihn schon recht nah bei dir, du brauchst nur den Kopf und die Augen ein wenig nach links zu wenden und schon könntest du ihm direkt in die Augen schauen. Er berührt ganz sanft deine Schulter, und allein diese leichte Berührung jagt dir einen Schauer über den Rücken. Es ist fast so, als wenn man das erste Mal einem geliebten Menschen nahe ist.
Du spürst seinen Atem.
Du weißt genau, wenn du ihm jetzt in die Augen schauen würdest, wirst du ihn nie wieder vergessen können. Und so dehnst du diesen Augenblick so lang aus, wie es dir noch möglich ist.

Und dann kannst du es nicht mehr aushalten. Du entscheidest dich, deinen Kopf ganz langsam in seine Richtung zu drehen und in seine Augen zu schauen.

Es trifft dich wie ein Blitzschlag.

Liebevolle Augen schauen dich an.
Und sie tun nichts anderes als einfach auf dich und in dich hinein zu schauen. Diese Augen sind wie ein klarer See, und sie haben eine Tiefe, die endlos erscheint.
Du sinkst in diese Tiefe hinein.

Eine Tiefe, wie ein See voll reiner Liebe.

Vielleicht brauchst du ein wenig Zeit, um dieser Intensität Stand zu halten.
Um dich dieser Liebe würdig zu fühlen.

Aber auch, wenn es so sein sollte, dass dich diese Gefühle zu überwältigen scheinen, wendest du deinen Blick nicht ab, du hältst ihn, du intensivierst ihn, und ihr verbindet euch immer tiefer.

Ihr werdet eins, weil Eure Seelen eins sind.

- Pause

Du beginnst, deinen Gefährten ganz aufmerksam zu betrachten. Jede Einzelheit möchtest du jetzt wahrnehmen.

Was genau siehst du?
Wie sieht er aus?

Ist er eher menschlich oder von anderer Natur?
Vielleicht beides?

Nur du kannst deinen Seelengefährten sehen. Und du nimmst dir die Zeit, die du brauchst, um ihn in seiner ganzen Größe wahrzunehmen.

Vielleicht magst du ein Stück gemeinsam mit ihm gehen?

Spüre, ob du Worte verwenden musst, um dich mitzuteilen, oder ob er bereits alles über dich weiß, ohne dass du etwas sagen musst.
Spüre die Kraft, die von ihm ausgeht.

Vielleicht hast du den Wunsch, eine Weile ganz allein mit ihm zu sein.
Nimm dir deine Zeit dafür. Du und dein Seelengefährte.

- Pause

Gönne dir all die Zeit, die du noch mit deinem Seelengefährten verbringen möchtest. Du wirst spüren, wenn du bereit dafür bist, dich zu verabschieden.
Und du weißt, dass du jederzeit zu ihm zurückkehren kannst. Immer, wenn du es willst und dich daran erinnerst, dass es ihn gibt, deinen Gefährten.

Verabschiede dich jetzt so, wie es für dich und euch stimmig ist.

Gehe dann deinen Weg zurück, bis du die Tür erreichst, die dich hinausführt aus deinem Zuhause. Öffne und schließe sie wieder sorgfältig.
Komme in deinem Tempo zurück und die Treppe hinauf, Stufe um Stufe, bis du ganz achtsam im Hier und Jetzt ankommst.
Du vertiefst deinen Atem, spürst deinen Körper, und kommst im Anschluss in deinen Alltag, ganz behutsam und in deinem Tempo.

Dein Krafttier

Wie schön, dass du dir regelmäßig Zeit nimmst, um ganz bei dir anzukommen. Du hast sicher schon bemerkt, wie gut es dir tut. Zur Ruhe kommen, Durchatmen, Krafttanken, Entspannen, Loslassen. All das verbindest du mit dieser Zeit. Zeit, die du nur mit dir verbringst. Eine Zeit, in der du Zeitlosigkeit erfährst. Alles ist irgendwie greifbar, alles, was du brauchst, ist da. Diese Zeit und du selbst fühlen sich friedlich und vollkommen an.

Und auch wenn du mal angespannt oder erschöpft sein solltest, darf dies sein, denn sobald du dich entscheidest für deine Auszeit, wirkt alles wie von selbst schon ein klein wenig leichter.

Und wenn du es noch nicht getan hast, schließe jetzt bitte deine Augen. Nichts musst du mehr sehen, nichts mehr hören, du musst auch nichts mehr tun. Einfach nur sein, das reicht.

Dabei darfst du beginnen, die Aufmerksamkeit auf deinen Atem zu richten. Atme tief ein und aus und bleibe mit deiner Aufmerksamkeit bei deinem Atem.
Tief einatmen, tief ausatmen, einatmen, ausatmen.

Und so geschieht es, dass du mit jeder Ausatmung weiter loslassen kannst. Du lässt dich tiefer fallen in deine Unterlage, fühlst dich immer schwerer und befreiter. Alles, was du nicht brauchst, lässt du mit jeder deiner Ausatmungen los. Lass dir Zeit.

Und wieder führt dich dein Weg die Treppe hinunter, und auch dieses Mal hältst du dich am Geländer fest, wenn du Stufe für Stufe nach unten schreitest. Es lässt dich irgendwie sicherer fühlen, wenn du dich festhältst.

Unten im Flur angekommen setzt du dich hinein in dein Sofa und genießt unter deinen Füßen das weiche flauschige Gefühl des roten Teppichs. Einfach schön, denkst du.

Dann siehst du wieder die Tür vor dir, die die Aufschrift DEIN ZUHAUSE trägt, und du folgst deinem inneren Impuls aufzustehen, zur Tür zu gehen und die Schwelle zu überschreiten.

Du öffnest die Tür, gehst hindurch, und schließt sie wieder hinter dir. Du weißt, dass das Schließen der Tür wichtig ist, und so darf es zu deinem Ritual werden, jedes Mal darauf zu achten, wenn du in deinen Raum gehst. Denn es ist dein Raum. Nur du hast hier Zugang.
(Ende der Einleitung)

Und nun bist du wieder in deinem Zuhause angelangt.
Du atmest tief durch, es ist wie ein Seufzen, das mit Erleichterung, ja fast mit Dankbarkeit, verbunden ist.

Sobald du hier bist, spürst du den tiefen Frieden, den dein Zuhause für dich hat. Und das macht dich unendlich dankbar.

Du fragst dich vielleicht, warum du deinen Raum im Alltag so oft vergisst, denn wenn du an ihn denken und dich erinnern würdest, dass du dich jederzeit mit ihm verbinden könntest, würdest du in manchen Situationen viel ruhiger bleiben können. Vor allem deine Kraft behalten können. In deiner Kraft sein. Dich in jedem Moment kraftvoll fühlen.

Die Vorstellung, dich in jedem Augenblick ganz in deiner Kraft zu fühlen, lässt dich ein weiteres Mal tief durchatmen. Noch scheint es vielleicht unvorstellbar für dich zu sein. Aber du möchtest so gerne daran glauben können, dass es möglich ist.

Ganz in Gedanken versunken gehst du einen Weg entlang, der sich nebenbei vor dir aufgetan hat. Es ist ja jedes Mal so in deinem Zuhause-Raum, dass er immer wieder neu aussieht, dass sich in jedem Augenblick etwas zeigen kann, was du nicht kennst und auch nicht vermutet hast. Das Besondere ist, dass du dich hier immer sicher und geborgen fühlst. Nichts erschreckt dich, es scheint einfach natürlich zu sein, dass sich hier alles immer wieder neugestaltet und sich dir ein anderes Erscheinungsbild offenbart.

So wie jetzt.
Du folgst einfach dem Weg, der sich vor dir auftut. Du folgst ihm gerne. Du musst dich nicht anstrengen, du gehst, ja schwebst irgendwie auf diesem Weg.
Du genießt die Atmosphäre, die angenehme Temperatur, das ganze Da Sein hier in deinem Zuhause.

Nach einer Weile führt dein Weg in eine weite Senke hinein.
Ein atemberaubender Blick eröffnet sich dir hier:

Eine Vielzahl von einzelnen Wesen kannst du erkennen, eins schöner als das andere, und obwohl sie alle sehr individuell und unterschiedlich aussehen, hat jedes von ihnen seinen ganz besonderen Zauber. Du kannst dich gar nicht entscheiden, welches du zuerst anschauen willst, du betrachtest sie alle in ihrer ganz individuellen und zauberhaften Schönheit.

Sie wirken ruhig, ausgeglichen und zentriert. Als wenn sie alle ihrem eigenen Plan folgen. So, als wenn jedes einzelne von ihnen einen speziellen Auftrag hat.
Sie wirken kraftvoll, gleichzeitig auch lieblich und entspannt. Alle Eigenschaften, die du dir vorstellen kannst, scheinen in ihnen vereint zu sein.
Einen Moment schwelgst du in diesem An- und Augenblick.

Dann verändert sich etwas.
Es kommt Bewegung in die Gruppe. Alle scheinen Platz zu machen, als wenn sie eine Schneise bilden, durch die Eines von ihnen hindurchgehen kann. Welches es ist, kannst du noch nicht erkennen. Es wird von den anderen verdeckt, aber eine Welle von Freude erreicht dich bereits jetzt, und sie lässt das Blut in deinen Adern schneller fließen. Dein Herz schlägt lauter, du hörst und spürst es in dir.

Und plötzlich kommt dir eine Ahnung:

Das Wesen, das auf dich zukommt, hat eine ganz besondere Bedeutung für dich.
Es ist *Dein Krafttier*.

Ganz deutlich ist diese Kraft spürbar, die jetzt durch deine Adern rauscht und dich in jeder Zelle deines Körpers vibrieren lässt. Wie energetisiert fühlst du dich.

Und du spürst noch mehr. Es ist, als wenn ein Freund auf dich zugelaufen kommt, den du lange nicht mehr gesehen hast. Den du fast vergessen hattest.
Aber jetzt, wo er zu dir kommt, wirst du dir darüber klar, dass du ihn nie wieder gehen lassen und in Zukunft immer mit ihm in Verbindung bleiben möchtest.

Eine Welle von liebevoller Energie durchflutet dich, du bist gerührt und zutiefst dankbar.

Gespannt schaust du in seine Richtung.

Dann ist es so weit. Dein Krafttier steht vor dir, in einem guten und überschaubaren Abstand ist es stehengeblieben.

Es schaut direkt in deine Augen.

Du schaust ihm in seine Augen.

Einen kleinen langen Augenblick, und eure Seelen sind auf immer und ewig verbunden.
Sie waren es schon, du hattest es nur vergessen. Jetzt erneuert ihr eure Verbindung.

Und wieder durchflutet eine Welle von Energie deinen Körper. Es ist, als wenn ihr euch in tiefer Verbundenheit anlächelt.

Erst jetzt schaust du, wer da eigentlich vor dir steht.
Und du erkennst, welches Tier es ist. .....

Nach einer gefühlten langen Weile beginnt dein Krafttier zu sprechen, und es spricht nur zu dir.

Es sagt dir seinen Namen. Ohne, dass du fragen musst.

Höre, was es sagt. Und wenn du es nicht gleich verstehst, bitte es mit den Worten:
„Sag mir deinen Namen!"
Vielleicht ist der Name bereits vor deinem inneren Auge erschienen. Schau hin.

- Pause

Spürst du, wie glücklich du bist?
Ihr beide seid glücklich.

Und vielleicht mögt ihr noch eine kleine Weile miteinander verbringen.
Oft ist es so, dass gar keine Worte gesprochen werden müssen, um zu wissen, was man voneinander hat.

Vielleicht musst du dein Krafttier nur anschauen, in Verbindung sein, und schon weißt du, in welchem Bereich es dich unterstützen kann, was genau seine Gabe ist, eine Gabe, die es dir schenken will, wenn du sie brauchst.
Vielleicht ist es etwas, was du gleich zu wissen glaubst, wie zum Beispiel, dass ein Schwein für Glück steht, oder ein Bär für Kraft, aber lass dich dennoch ein, das ganz Individuelle zu sehen, was nur für dich bestimmt ist.

Nehmt euch eure Zeit.
Nimm du dir deine Zeit.

Die folgenden Minuten sind nur für dich bestimmt. Bestimmt, um alles, was wichtig ist, zu erkennen und zu integrieren.

- Pause

Löse dich aus diesen Bildern, wenn es Zeit wird, wieder zurückzukommen.

Nimm das Wissen mit, das dir Kraft gibt, und die Erinnerung daran, dass du immer mit deinem Krafttier in Verbindung bist.

Dann vertiefst du jetzt deinen Atem, gehst bewusst und achtsam zu der Tür, trittst hindurch, und schließt sie wieder hinter dir. Stufe für Stufe gehst du hinauf, und kommst in deinem Tempo zurück in diese Zeit, in diesen Raum, und langsam in deinen Alltag zurück.

Deine innere (alte) Weise

Ganz langsam und andächtig machst du dich bereit für deine Zeit der Entspannung. Du hast keine Eile, du hast alle Zeit der Welt. Ach, wenn du es doch immer so empfinden könntest, denkst du. Wie oft hetzt du durch den Tag, stehst mit Zeitdruck und einer inneren To-do-Liste auf und bist in Gedanken schon beim übernächsten Punkt.

Jetzt gibt es keine Liste für dich, und *wenn* es sie noch gibt, dann weißt du, wo du sie für die Dauer deiner Auszeit ablegen kannst.

Und schon spürst du mehr Wärme in dir aufsteigen, fast könntest du es Liebe nennen, doch tust du dich vielleicht immer noch schwer mit diesem Wort.
Doch fühlst du dich sehr wohl, und du kommst fast automatisch in diesem Moment an, in diesem Augenblick.

In diesem Augenblick.

Ein erstes Mal nimmst du das Wort genau wahr.

Augenblick

Dir wird bewusst, dass es aus zwei Worten besteht, die Ähnliches bedeuten:
Augen schauen und sehen, sie blicken dich an oder du blickst mit deinen Augen jemand anderem in seine Augen.
In einem Augenblick.
Und in einem Augenblick liegt so viel Magie. Fast alles kann mit einem Augenblick, mit einer Verbindung zwischen zwei Augenpaaren gesagt werden, ganz ohne Worte.

Und wenn du genau hinschaust, ganz im Augenblick bist, kannst du alles in den Augen eines anderen Menschen sehen.

Du kannst auch von dir alles in *deine* Augen hineingeben, in *einen* Augenblick.
In *einem* Augenblick.

Und tust du das? Jetzt? In diesem Augenblick?

Oder versteckst du auch mal etwas? Oder versuchst zumindest, etwas nicht zu zeigen!
Wenn ja, warum?
Welche Wahrheiten von dir zeigst du, gibst du ganz in deine Augen hinein, und welche versuchst du zu verbergen?

Und sind es dann überhaupt noch Wahrheiten, die du nach außen gibst?

Können deine Augen eigentlich lügen?

Vielleicht überkommt dich eine ungeahnte, auch ungewollte Schwere bei der Tiefe und Bedeutsamkeit der Fragen. Das darf sein.

Lasse dich fallen in diese Tiefe, und werde ganz schwer auf deiner Unterlage. Sie trägt dich.
Gib dich und alles, was du jetzt an Gefühlen in dir verspürst, hinein in diese Schwere. Und du fällst dabei immer tiefer und tiefer in dich hinein.
Du lässt dich einfach sinken. Sinken in dein Seelen-Zuhause.

Und wie von selbst bist du die Stufen, die in dein Seelen-Zuhause führen, hinabgesunken, und du öffnest die Tür zu deinem Zuhause, gehst über die Schwelle, und schließt die Tür wieder hinter dir.
(Ende der Einleitung)

Ein erstes Mal atmest du tief durch und auch ein zweites bewusstes Mal, du fühlst dich ein großes Stück erleichtert, einfach weil du dich zuhause fühlst.

Du genießt dieses „Viel leichter sein“.

Und du musst dich gar nicht anstrengen in deinem Zuhause, es bewegt sich/dich irgendwie ganz von selbst.
Wenn du irgendwo hinschaust oder dich nur in Gedanken dort hinbewegst, dann bist du auch schon da. Alles ist ganz leicht.

Wie auf einer Wolke schwebst du, du könntest auch sagen: du fühlst dich wie eine Wolke, oder, du bist diese Wolke. So leicht bist du.

„Genieße es!“, hörst du plötzlich eine Stimme sprechen.

Sie ist nicht laut, aber auch nicht so leise, dass du dich anstrengen müsstest, um sie zu verstehen. Sie hört sich älter an, diese Stimme, und irgendwie weise. So, als wenn die Person, die zu dieser Stimme gehört, schon viele Erfahrungen gemacht hätte.

„Und frage dich nicht, ob du es verdient hast!“

Schon wieder ertönt sie und hat es mit dieser Aussage auf den Punkt getroffen. Wie oft fühlst du dich schlecht, wenn du einfach mal nichts tust und nur so daliegst, wenn du dir Erholung gönnst und gleichzeitig denkst, dass du doch eigentlich viel zu erledigen hast.
Vielleicht hast du auch so etwas gelernt wie: „Erst die Arbeit, dann das Vergnügen“, oder „Ausruhen kannst du dich später oder wenn du alt bist“.

„Später kommt nicht!“

Noch so eine treffende Aussage von dieser weisen alten Stimme. Du musst gar nichts mitteilen von deinen Gedanken, es ist, als wenn diese Person alle deine Gedanken zeitgleich mitlesen kann.

„Genieße diesen Augenblick, es ist der einzige, den du hast“.

Diesen Satz spricht die Person mit besonders viel Wärme in der Stimme aus, so, dass du nicht einmal Gedanken des Widerspruchs in dir verspüren kannst. Irgendwie weißt du, dass sie recht hat.

Du nimmst eine leichte Bewegung vor dir wahr, und es bildet sich ein fast durchsichtiges Bild, das nach und nach die Form einer menschlichen Person annimmt.
Die Person ist nicht groß, aber auch nicht klein, sie wirkt sehr zart und doch auch stark. Sie besitzt viel Ausstrahlung. Du hast ein wenig Ehrfurcht vor dieser Präsenz und der Wirkung, die sie hat.

Und deine Vermutung bewahrheitet sich. Es ist eine alte Frau, die du erkennen kannst, und sie strahlt neben ihrer Wärme viel Weisheit aus. Beeindruckend findest du sie, du fühlst dich fast wie ein Kind, das von dieser weisen Alten lernen wird.

„Bleib in deiner Größe!“

Schon wieder spricht sie wie auf den Punkt genau. Und sie setzt fort:

„Wenn du dich innerlich klein machst, kannst du nicht mehr auf deine innere Weisheit zugreifen. Du verlierst den Ausdruck, deine Ausstrahlung. Du bist dann nicht mehr der Ausdruck deiner Persönlichkeit, also dessen, was du bist. *Wer* du bist!
Im Grunde versteckst du dich.
Aber es gibt keinen Grund dafür!“

Liebevolle Augen schauen dich an.
Ganz plötzlich sind sie für dich wahrnehmbar in der fast durchscheinenden Silhouette dieser Frau.
Die Augen dieser weisen alten Frau beeindrucken dich.
Sie sind klar, wirken sehr rein, und du kannst alles in ihnen sehen.
Sie halten Verbindung. Verbindung mit dir.

Es scheint dir wie ein langgezogener Augenblick.

Du kannst dich nicht lösen, sie scheinen dich festzuhalten.
Du willst dich auch nicht lösen, du bleibst gerne in diesen Augen.
Sie erinnern dich an etwas, das du noch nicht greifen kannst, was dir aber sehr vertraut erscheint.

Du schaust tiefer hinein, in diese Augen, und sie kommen immer näher. Auch du kommst immer näher, bis du in diesen Augen aufgehst und in sie eingehst.
Noch nie hast du so lange Blickkontakt halten können.
Jetzt ist es selbstverständlich. Du willst es. In diesen Augen sein. In ihnen liegt so viel Wahrheit. Die Augen sprechen Wahrheit. Sie sind Wahrheit.

„Ich bin deine innere Wahrheit."

Wieder hörst du ihre Stimme.

„Ich bin Du. Erkenne deine Wahrheit! Erkenne deine Weisheit."

Diese Worte berühren dich sehr, weil du tief in deinem Inneren weißt, dass sie recht hat. Dass du selbst recht hast, immer dann, wenn du auf dich und deine innere weise Stimme hörst. Wenn du Verbindung mit ihr aufnimmst. Und dafür braucht es diesen kurzen langen und ewigen Augenblick. Diese Erkenntnis wird dir immer deutlicher.

Und wieder suchst du Kontakt zu den Augen dieser weisen alten Frau, die so viel Liebe ausstrahlen. Und jetzt ist nur noch dieses eine Wort passend.
Liebe ist es, was sie ausstrahlt.
Es ist, als wenn du durch die Verbindung mit den Augen aufgetankt wirst, dich selbst auftankst, dich füllst mit Liebe, in diesem einen Augenblick.

„Schau in deine Augen. Schau in dich. Bleib in Verbindung mit dir".

Das alles sagen die Augen dieser weisen Alten.

Und vielleicht sagen sie noch mehr, und das ist nur für dich bestimmt. Halte diesen Augenkontakt in diesem Augenblick und höre, was sie dir zu berichten wissen.

- Pause

Mit diesem inneren Wissen löst du dich aus dem Moment, aus eurem Zwiegespräch.
Die Verbindung darfst du halten, ja, du solltest dich sogar immer wieder an sie erinnern, immer dann, wenn du einen Rat benötigst von Jemandem, der ganz viele Erfahrungen gesammelt und aus ihnen gelernt hat. Jemand, der sehr leise in dir ist, weil er weise ist, und nur spricht, wenn er/sie gefragt wird.
Und wenn du fragst, wird es sein, als wenn Du Dir selbst mit Liebe antwortest.

Dann kommst du langsam wieder zurück.

Du beginnst, tiefer ein und auszuatmen.

Und du atmest dich hin zu der Tür, die in deinen Seelen-Raum geführt hat, du öffnest sie, gehst bewusst hindurch, und schließt sie wieder hinter dir. Nur du kannst diesen deinen Seelen-Raum betreten.
Und dann verweile noch eine Weile, einen Augenblick, dem *du* seine Länge gibst, in Ruhe, vielleicht auf dem Sofa vor der Tür, und gebe dir Zeit, deine Erfahrungen zu integrieren.

Erst dann komme in deinem Tempo zurück in dein jetziges Leben, in deinen Alltag, und entscheide, ob und wann du deine innere To-do-Liste wieder herausholst und mit welcher Bewusstheit, ja Weisheit, du deine Dinge erledigen magst.

Lebe bewusst deine innere Weisheit.

Dein innerer (alter) Weiser

Wieder begibst du dich auf eine Reise zu dir selbst. Es ist immer eine Reise nach Hause. Nach Hause zu dir.
Es klingt fast paradox, dass du in *dir* zuhause bist und doch immer wieder dort hinreist. Eigentlich ein Widerspruch. Aber so sind wir Menschen. Widersprüchlich sind wir und voller Gegensätze. Und in diesen Gegensätzen, ja mit ihnen, eigentlich erst durch sie sind wir wieder ganz. Und vollständig. Alles ganz leicht. Wenn du es weißt.

Und du weißt und vergisst es wieder. Deswegen unternimmst du diese Reisen. Damit du dich wieder erinnerst. Und das tust du gern. Weil in dem Moment des Erinnerns dein Frieden liegt.

Nach diesem Frieden suchen wir alle, auch du, immer wieder. Oft verlieren wir ihn wieder, weil wir uns von all den Facetten und Eigentümlichkeiten unseres Lebens ablenken und verwirren lassen.

Im Grunde weißt du das alles, und doch genießt du es, erinnert und geführt zu werden, und einmal alle Verantwortung abzugeben. Einfach fallen und sich führen lassen.

Mit den Worten „fallen lassen" sinkst du tiefer in deine Unterlage hinein und atmest mit einem Seufzer den letzten Rest an Anspannung aus deinem Körpersystem hinaus.
Und noch einmal tief ein und dann mit einem Seufzer wieder ausatmen. Und fallen lassen. Und genießen.

Du kannst genießen. Du kannst dich führen und fallen lassen in diese deine Entspannungsreise.

Und so gehst du wieder zu der Treppe und dann Stufe für Stufe hinab, bis du an der Tür stehst, auf der in gut lesbarer und liebevoller Schrift geschrieben steht: Dein Zuhause.

Hier willst du hin.

Du öffnest die Tür und schreitest über die Schwelle. Dieses Mal ist es wirklich ein Schreiten, es wirkt fast königlich, erhaben, würdevoll, wie du diese Schwelle überschreitest. Du weißt um die Bedeutung dieser Schwelle. Denn sie führt in dein Zuhause.

Und nachdem du hineingegangen bist, schließt du die Tür ganz behutsam wieder hinter dir. Und widmest dich ganz dem Da Sein in deinem Zuhause.
(Ende der Einleitung)

Du schaust, du hörst, du fühlst, du riechst, du nimmst jede Einzelheit und das Ganze auf einmal wahr. Jede einzelne Wahrnehmung gibt dir gleichzeitig einen Eindruck vom Ganzen. Du kannst es gar nicht trennen, das Einzelne wirkt *wie* alles zusammen. Wie ein einziger Blick auf alles.

Du seufzt ein weiteres Mal. Du bist ein wenig überwältigt von dieser Erfahrung, von der Erhabenheit, die diese Wahrnehmung für dich hat. Ein bisschen ist es so, als wenn du dich selbst königlich fühlst, wie jemand, der ein großes Reich in sich trägt.

Du atmest durch, denn mit dem Hören dieser Worte entsteht in dir vielleicht das Bedürfnis, sie ein wenig abzumildern, zu groß und bedeutend scheinen sie dir zu sein.

„Bist du dir zu groß?“, hörst du dich innerlich sprechen.

„Bist du der Meinung, dass dir ein Königreich nicht zusteht?“

Mit dieser Frage fühlst du dich ein wenig ertappt, weil du sie irgendwie berechtigt findest und andererseits auch gleichzeitig sagen möchtest: Doch, natürlich steht es mir zu!

Doch du willst dich nicht erheben, nicht über Andere und erst recht nicht *vor* Anderen.

„Stehst du denn nicht zu deiner Größe?“, hörst du dich wieder innerlich überlegen.
„Machst du dich kleiner, nur weil du Angst hast, dass Andere mit deiner Größe nicht zurechtkommen?“

Du musst zugeben, dass diese Frage sehr berechtigt ist.

Eine Weile denkst du darüber nach, über das Thema Größe und deine Bereitschaft, *deine* Größe zu leben.

Es ist fast so, als wenn du einen inneren Dialog führst zwischen unterschiedlichen Anteilen:

Da ist das kleine Kind in dir, das staunt und ehrfürchtig das Leben betrachtet sowie alles, was groß ist.

Da ist der Erwachsene, vielleicht abgeklärte Erwachsene in dir, der dem Dialog ein wenig die Schärfe, die innere Brisanz nimmt und versucht, das Ganze in realistischen Größen zu halten.

Und da ist ein älterer Herr in dir, fast weise, weil er sehr klar und dennoch liebevoll agiert. Er besteht darauf, zu seiner inneren Größe zu stehen, weil er sich nichts anderes vorstellen kann *zu sein*. Er ist groß, und er ist königlich. Es scheint, als wenn er ein Zepter in der Hand hält.

Welcher Anteil von diesen ist dir eigentlich am Nächsten?

Zu welchem kannst du sofort Ja sagen? Zu welchem nicht?

Es ist dein innerer alter Weiser, der als erster das Wort ergreift:

„Du solltest jeden Teil, jedes Mitglied in deinem inneren Königreich anerkennen, ihm einen Platz geben und es lieben, wie es ist. Und vor allem brauchen alle deine Wertschätzung und Zuneigung für das, was sie leisten, für das, was sie sind. Du solltest sie achten, alle!“

Während er spricht, hast du Gelegenheit, diesen weisen älteren Herrn auf dich wirken zu lassen.

Bisher hat er für dich König geheißen, aber er ist anders als das, was du dir bisher unter einem König vorgestellt hast.
Natürlich hat er etwas Königliches, aber er strahlt eher eine natürliche Autorität aus, die aus Lebenserfahrung gespeist wurde, und er wirkt milde und gütig.
Dennoch hast du Achtung vor ihm. Du bist sicher, dass seine Worte wahr sind.

Dir wird klar, dass es ihm mit seinen gesprochenen Worten genau darum ging. Dass du Achtung empfindest für ihn und für jeden deiner inneren Anteile.

Mit diesen inneren Mitgliedern, ja Facetten deines Seins, ist es wie mit deinem Zuhause, das du grad so intensiv wahrgenommen hast.
Jedes einzelne Mitglied repräsentiert eine einzelne und besondere Eigenart, die es aber nicht absonderlich macht, sondern in dieser Besonderheit gleich wichtig mit den anderen sein lässt. Und damit ist und wirkt es wieder vollständig in seinem So Sein.
Erst alle zusammen machen dein inneres Zuhause aus.

Du fühlst dich verbunden mit deinem inneren weisen Alten, der dich so viel und in einem kurzen Moment gelehrt hat.

Die Verbindung willst du halten. Du wirst ihm einen Platz geben und auf seinen Rat hören, wenn er zu dir spricht.
Und du bemerkst, dass er um seinen Platz weiß.
Du achtest ihn.

- kleine Pause

Dann verabschiedest du dich von deinem inneren Dialog und gehst langsam wieder zurück zu der Tür, die dich hinaus führt aus deinem inneren Seelen-Zuhause.

Du ergreifst ganz achtsam den Türgriff, öffnest die Tür und schreitest über die Schwelle. Und dieses Mal schreitest du in Verbundenheit mit deinem inneren alten Weisen.

Hinter dir schließt du die Tür wieder und gehst weiter hinauf, Stufe um Stufe. Und kommst an, in dieser Zeit und in dem Raum, in dem du dich grad befindest.

Du lässt deine Augen noch eine Weile geschlossen, bis du alles Wichtige verarbeitet und integriert hast. Erst dann kehrst du in deinen Alltag zurück.

Dein Bibliothekar

Wie gewohnt bereitest du dich auf eine Zeit mit dir vor.
Du entspannst dich, und vielleicht bist du auch schon ruhig, weil es fast natürlich für dich ist, dich von Zeit zu Zeit hinzulegen oder hinzusetzen und diese kleine Weile nur mit dir und deiner Seele zu verbringen. Im Grunde freust du dich schon auf diese Zeit und kannst es dir ohne diese Aus-Zeiten gar nicht mehr vorstellen.
Gut so.

Konzentriere dich auf deine Atmung.
Atme einige Male tief ein und aus und versuche, deine Aufmerksamkeit bei deinem Atem zu belassen.
Denke nicht mehr als: Ein und aus, tief ein und aus, und wieder einatmen und alles ausatmen....

Und nun gehe, während du tief und bewusst atmest, ganz langsam und achtsam die Stufen hinab in den Flur. Dieses Mal setzt du dich gar nicht mehr auf das Sofa, sondern betrittst gleich deinen Zuhause-Raum. Du öffnest die Tür, gehst hindurch und schließt die Tür wieder hinter dir. Du weißt, dass es wichtig ist, auf diese Details zu achten, auch wenn es manch anderer eine Kleinigkeit nennen könnte. Diese Kleinigkeiten oder Details machen dein Zuhause so wertvoll, weil du sicher sein kannst, dass es ganz für dich alleine ist und du dich beschützt fallenlassen kannst. Keine Gefahr lauert hier, du bist liebevoll umsorgt.
(Ende der Einleitung)

So bist du also angekommen in deinem Zuhause, und du genießt, wieder hier zu sein. Es ist fast wie in den Urlaub zu fahren an einen Ort, den man schon seit seiner Kindheit kennt und an dem alles vertraut ist. Man muss nichts mehr suchen oder sich neu orientieren, man kennt einfach alles und fühlt sich von der ersten Sekunde an wohl.

Genauso fühlst du dich hier.

Heute hast du etwas Besonderes vor, denn du möchtest jemanden besuchen, der all deine Gedanken und Erlebnisse dokumentiert hat. Jemand, der dir auf alle Fragen antworten und dir zeigen kann, wo du in deinem Leben stehst. Dabei wird er ganz nüchtern sein, aber er wird dich nicht verurteilen oder dir eine Moralpredigt halten, er ist eher wie ein Wissenschaftler, der versucht, objektive Daten und Ergebnisse zu ermitteln.

Heute geht es um deinen Bibliothekar.

Du bist gespannt, wie er aussieht und wie es bei ihm zugeht. Deswegen bewegst du dich bewusst und zielstrebig.

Bald entdeckst du ein kleines Gebäude, dessen Tür offensteht.

In großen Buchstaben steht über der Tür „Bibliothek“, und du wirst gleich freundlich herein gewunken.

Vorsichtig gehst du hinein.

Schon siehst du eine weitere Tür, die dich in einen großen Raum führt. Dieser Raum ist voller hoher Regale.
Vor einem dieser langen Regale steht ein Schreibtisch, auf dem einige Bücher gestapelt liegen.

Auf einem Stuhl davor sitzt er, dein Bibliothekar.

Er sieht nett aus, ist ungefähr in deinem Alter, hat eine Lesebrille auf der Nase und einen Stift in der Hand.

Als du den Raum betrittst, schaut er auf und lächelt dich freundlich an. Er sagt:

„Ich habe schon auf dich gewartet, schön, dass du da bist!“

Du wunderst dich ein wenig, und gleichzeitig weißt du, dass es hier im Land deiner Seele nichts gibt, was unentdeckt bleibt. Jeder kennt jeden, jeder weiß von jedem alles.

Deine Aufmerksamkeit wandert wieder zu den Büchern.
Du möchtest sie anschauen und fragst dich, welches Ordnungssystem in den Regalen besteht. Ein Buch steht neben dem anderen, Reihe für Reihe, und doch, wenn du genau hinschaust, erkennst du Unterschiede in der Anordnung.

Ganz deutlich ist eine Trennung zwischen einem Abschnitt und einem anderen zu sehen.
Eine Längsachse trennt diese Bereiche.
Und jetzt siehst du auch, dass die Bücher unterschiedliche Farben haben. Auf der einen Seite sehen sie eher dunkelgrau aus, und die des anderen Bereiches schillern in bunten Farben.

Dass dir das nicht gleich aufgefallen ist, als du hereingekommen bist, denkst du.

Und nun fragst du deinen Bibliothekar danach. Was haben diese Farben, was hat diese Trennung für eine Bedeutung?

„Nun ja", sagt er, „alles hier sind Gedanken, die du in deinem Leben gedacht hast. Es sind gute Gedanken und Gedanken, die eher schlecht waren und dir, wie du weißt, in der Folge nicht gutgetan haben.

Alle Gedanken, die du jemals dachtest, habe ich für dich aufbewahrt, dokumentiert, und ich habe sie dabei nach guten und schlechten sortiert.

Alle freundlichen und liebevollen Gedanken, die du in deinem Leben dachtest, werden für dich auf ewig aufbewahrt werden, denn sie kommen von dem Teil in dir, der du immer bist und immer sein wirst.

Alle anderen Gedanken, die negativen und die schlechten, habe ich für dich aussortiert, damit du die Möglichkeit hast, sie noch einmal zu überdenken. Sie kommen von dem Teil in dir, der dieses Leben nicht überdauern wird."

Du überlegst, was das wohl zu bedeuten hat, und du bist dir nicht sicher, ob du alles genau verstanden hast.

Als wenn dein Bibliothekar deine Gedanken geahnt hätte, fängt er wieder zu sprechen an:

„Stelle dir eine Vase vor, oder eine Schale. In dieser sind viele große und kleine Steine. Schwarze und weiße Steine, wenn du willst. Die schwarzen Steine stehen für deine negativen Gedanken, die weißen für die positiven und freundlichen.
Die weißen werden für dich aufbewahrt, auch, wenn du dieses Leben beendest. Die schwarzen allerdings, die deine Schale jetzt noch befüllen, bewirken, dass es dir nicht gut geht, z.B. wenn du über andere Menschen schimpfst oder sie auch nur gedanklich verurteilst; oder wenn du *dich* schlecht behandelst, indem du negativ über dich denkst. Die Folge ist dann oft, dass du dein Leben nicht genießen kannst. Du weißt nicht, wer du wirklich bist. Deswegen empfindest du dein Leben als schwer!

Wenn du magst, kannst du dir alle negativen Gedanken anschauen und sie durch positive ersetzen. Wie gesagt, wenn du magst. Und schau selbst, es sind einige, die du in den grauen Büchern finden kannst.

Wenn du es tust, also die Gedanken korrigierst, dann ist es so, als wenn du für jeden schwarzen Stein, den du aus deiner Schale herausnimmst, einen weißen dafür hineinlegst.
Hier in den Regalen wird dann irgendwann ein graues Buch herausgenommen und ein buntes in den anderen Abschnitt gelegt. Dafür sorge ich. Denn das ist meine Aufgabe."

Dein Bibliothekar ist für einen Moment still, er weiß, dass du Zeit zum Nachdenken und Nachspüren brauchst.

Und du merkst vielleicht, dass sich unterschiedliche Gefühle in dir regen.
Einerseits ist es erschreckend, so viele negative Gedanken in sich zu wissen, und du fühlst sie sogar, denn sie werden immer größer und intensiver, je länger und öfter du sie denkst und sie dir begegnen.

Andererseits ist es beruhigend zu wissen, dass nur die freundlichen aufbewahrt werden. Aber das hilft dir nicht, wenn du dein Leben *jetzt* genießen willst.

Und dann überlegst du, welche Teile in dir dein Bibliothekar wohl meinte, er sprach von dem ewigen Teil und von dem, der dieses Leben nicht überdauern wird.

„Der Teil in dir, der ewig ist, ist deine Seele, deine Essenz, der Teil, der um seinen göttlichen Ursprung weiß und auf ewig mit diesem verbunden ist. Er leuchtet und hört niemals auf zu leuchten, weil er reine Liebe ist“,

antwortet dein Bibliothekar, der deine Gedanken gelesen hat, ohne dass du eine Frage formulieren musstest. Und er spricht weiter:

„Der andere Teil ist der, den du gemacht hast, manche nennen ihn das Ego. Es ist der Teil, der sich mit irdischen und materiellen Dingen identifiziert, aber auch mit Gedanken oder anderen immateriellen Formen wie Wertschätzung, Ruhm und Erfolg.
Du denkst dann, das bist du.
Aber das stimmt nicht und wenn du genau nachdenkst, dann bemerkst du, dass Gedanken, Erfolge, Anerkennung, alles Dinge sind, die kommen und gehen, die dich aber auf Dauer nicht glücklich machen. Sie sind keine Liebe, die bedingungslos ist. Deswegen sind sie unwirklich.“

Mit diesen Worten und einem liebevollen Lächeln verabschiedet er sich und lässt dich alleine zurück. Am liebsten möchtest du hierbleiben, um die Bücher in Ruhe durchblättern und jeden Gedanken noch einmal überprüfen zu können.

Aber du weißt, dass es jetzt Zeit ist zu gehen und auch, dass du all diese Bücher in dir hast. Du wirst dir also jeden Gedanken vornehmen können, wenn du Zeit und Ruhe findest. Und wenn du bereit bist, deine Gedanken in Ruhe anzuschauen.

Und du weißt jetzt schon, dass du achtsamer sein willst bei dem, was du an Gedanken denkst und vor allem, welchen Gedanken du Glauben schenken möchtest.
Und du möchtest damit beginnen, schlechte Gedanken in positive zu verändern, und damit schwarze Steine aus deiner Schale zu nehmen und weiße dafür hineinzutun.

„Alle freundlichen Gedanken, die du jemals dachtest, werden für dich aufbewahrt“, hallt es in dir nach. Es macht dich glücklich.

- kleine Pause

Ganz langsam gehst du den Weg zurück und hin zu dem Raum, zu dem deine Tür sicher verschlossen ist.

Du genießt deinen Rückweg und das Dasein hier in deinem Zuhause. Es ist so friedlich und vollkommen.

Und du freust dich darauf, in dein Leben zurückzukehren, so viele Dinge hast du noch zu erledigen.

Du öffnest die Tür, gehst hindurch und schließt sie wieder.

Du siehst das Sofa in dem Flur vor deinem Raum und den schönen orange-roten Teppich. Jetzt magst du dich einmal hineinfallen lassen und ausruhen, bevor du die Treppe Stufe um Stufe zurück nach oben gehst.

Du bestimmst den Zeitpunkt.

Dein innerer Heiler

Du kommst auf deine Weise in den Flur mit dem schönen gemütlichen Sofa und dem Teppich, der alles so behaglich aussehen lässt. Die Kerzen in den Kronleuchtern brennen, und es scheint so zu sein, als wenn sie nie erlöschen und das Wachs nie zu Ende geht. Die Lichtlein flackern ein wenig, als du nach unten kommst, und das erste Mal hörst du leise Musik.

Ob sie immer zu hören war?

Bisher ist es dir nicht aufgefallen.

Obwohl du schon einige Male hier warst und es dir schon wie dein eigenes Wohnzimmer erscheint, ist es doch auch jedes Mal neu und immer wieder ganz besonders, ja fast bezaubernd, hier unten zu sein.
Jedes Mal entdeckst du irgendetwas Neues, als ob es vorher nicht dagewesen sei. Aber vielleicht hast du es nur nicht wahrgenommen.

Dir wird bewusst, wie unachtsam du bisweilen unterwegs bist. Doch willst du dich nicht verurteilen. Du spürst eine Wärme und Geborgenheit, die alles in liebevoller Umarmung sein lässt und dich so akzeptiert wie du bist.

Für einen Augenblick nimmst du auf dem weichen Sofa Platz und lässt dich hineinsinken in das Sofa mit der großen Lehne, die deinen Kopf stützt und dich einlädt, für einen Augenblick die Augen zu schließen.
Du bist dankbar für diese Einladung.

Und ein erstes Mal entspannst du ein wenig.

Wie von selbst passiert es, dass du mit jedem Ausatemzug tiefer in dein Sofa sinkst und alles von dir abgleitet, was du für deine Seelen-Zeit nicht brauchst:

Gedankliche und körperliche Anspannung des Tages, vielleicht auch Gefühle, die diese Gedanken im Schlepptau haben.
All das gibst du einfach in deinen Ausatemstrom hinein.

Du gleitest auf dem Sofa in immer tiefere Entspannung.

Und du musst gar nicht mehr aufstehen und zur Tür gehen.

Wie von selbst erscheint vor deinem inneren Auge die Tür, die dem Sofa gegenüberliegt und dich in dein Seelen-Zuhause führt.

Du öffnest diese Tür. Sie öffnet sich bereits dadurch, dass du den Gedanken daran verspürst. Und du trittst ein in diesen geliebten Raum, gehst über die Schwelle und schließt die Tür hinter dir. Sie wird solange verschlossen bleiben, bis du später wieder durch sie hindurchgehst. Denn dieser Raum ist nur für dich bestimmt.
(Ende der Einleitung)

Mit viel Dankbarkeit und Freude bewegst du dich in deinem Zuhause. Alles ist rein, friedlich und gleichzeitig so lebendig.

Alles ist an seinem Platz, ohne dass es dort hingestellt werden musste.
Alles fügt sich zusammen und wirkt wie ein harmonisches Ganzes.
Mit Worten ist es kaum zu beschreiben und doch versuchst du immer wieder, für dieses Gefühl, das du hier empfindest, Worte zu finden. Doch es ist irgendwie leichter mit Bildern zu beschreiben. Und du genießt diese Bilder in deinem Seelen-Zuhause.

Dann spürst du ein leichtes Kribbeln in deinem Bauch und es lässt dich erahnen, dass du gleich wieder jemand Neues kennenlernen wirst. Ist es doch jedes Mal so, dass du, wenn du hier bist, einen Teil von dir erlebst, einen Teil, der dir vielleicht noch gar nicht so präsent war.

Du bist gespannt und neugierig, wer es dieses Mal sein wird, und du freust dich auf das, was du erfahren und lernen wirst.

Und dann siehst du nicht weit von dir entfernt einen Schornstein, aus dem Rauch aufsteigt. Das Haus, das zu diesem Schornstein gehört, ist noch verdeckt, es liegt an einer Biegung am Waldrand. Ein Weg hat sich vor dir aufgetan, und auch den hast du vorher nicht wahrgenommen, oder war er vielleicht eben noch gar nicht da?
Wie auch immer, du hast dich daran gewöhnt, dass hier alles anders läuft, und du nimmst es, wie es kommt.

Es ist, wie es ist.

Und schon siehst du ein kleines Häuschen direkt vor dir. Es hat einen kleinen Kräutergarten, der von einem Zaun umgeben ist.

Überall siehst du unterschiedliche Pflanzen und Kräuter. Einige blühen, andere sind in verschiedenen Grüntönen zu sehen. Und sie scheinen gut aufeinander abgestimmt zu sein. Sie wachsen nebeneinander und ineinander, ohne sich den nötigen Platz zu nehmen oder sich zu stören.

Ein Kiesweg führt dich direkt zur Haustür. Sie steht offen und du fühlst dich eingeladen, durch die Tür hineinzugehen.

Das Haus ist aus Holz gebaut, an den Wänden hängen getrocknete Kräuter, und der kleine Flur öffnet sich schnell in einen größeren Raum, in dem ein Ofen steht. Von ihm geht eine wohlige Wärme aus und eine Bank umrahmt ihn. Sie lädt dich ein, dich zu setzen, doch du schaust dich erst einmal um, weil du jemanden suchst, den du bisher noch nicht wahrgenommen hast.

„Ja, so ist es immer", hörst du plötzlich eine Stimme, ohne dass du genau sagen könntest, woher sie kommt. Sie scheint überall zu sein.
Und auch sie gehört zu jemandem, der Gedanken lesen kann.

„Ich gehöre zu dir, und du weißt nicht, wo du mich suchen und finden sollst; du weißt nicht einmal, wie du mich wahrnehmen kannst!“, spricht die Stimme weiter.

Du überlegst und erinnerst dich an den Augenblick, an dem du bemerkt hast, wie flüchtig und unaufmerksam du manchmal bist. Vieles nimmst du nicht wahr, obwohl es doch da ist.

Und obwohl diese Aussage unangenehm oder kritisch auf dich wirken könnte, fühlst du dich geborgen und liebevoll aufgefordert, weiter zuzuhören und ganz aufmerksam zu lauschen, was die Stimme dir zu berichten weiß. Und sie bestätigt dich in deinem Gefühl mit folgenden Worten:

„Ich bin dir nicht böse, wie könnte ich es sein? Dieses Wort befindet sich nicht in meinem Wortschatz. Auch nicht in meinem Gefühls-Sortiment!

Allerdings würde ich dir gerne in vielen Momenten mit Rat und Tat zur Seite stehen, mit meinem Wissen und mit meinen Fähigkeiten. Ich kann viel für dich tun, im Grunde alles, was du willst, wenn es um das Thema Heilung geht.

Ja, du hörst richtig, es geht hier um *heil* sein, und mitunter hast du ganz vergessen, dass du heil bist. Dir fehlt dann etwas, und du gehst zu deinem Hausarzt, der dich fragt: „Was fehlt Ihnen denn? Er kann die richtigen Fragen stellen!“

„Was dir fehlt, ist selten irgendeine Tablette, sondern eher die Erkenntnis der Ursache deines Unwohlseins. In solchen Situationen spreche ich besonders laut mit dir, aber du hörst und siehst mich oft nicht.“ Für einen kurzen Moment bleibt Stille.

Und du überlegst und erinnerst dich an einige Situationen, in denen du dich krank gefühlt und innerlich gegen dieses Gefühl angekämpft hast. Du wolltest die Krankheit nicht. Auf die Idee, jemanden um Hilfe zu bitten, der *in dir* zu finden ist, bist du gar nicht gekommen.

Jetzt dagegen spürst du viel Erleichterung, weil du auf die Spur geraten bist.
Und wieder einmal bist du dankbar, in deinem Seelen-Zuhause zu sein.

„Die Dankbarkeit, die du jetzt empfindest, ist der Schlüssel zur Heilung", spricht die Stimme wieder.

Und plötzlich siehst du eine kleine hutzelige Person in den Wohnbereich stiefeln. Sie oder Er sieht dich mit großen klaren Augen an, und gleichzeitig fummelt er weiter an den Kräuterzweigen herum, die er wohl aus dem Garten mitgebracht hat.
Jeden Handgriff tut diese Person mit Achtsamkeit, und mit ganz viel Hingabe. Sie spricht weiter:

„Du musst lernen, genau hinzusehen und hinzuhören, egal, was ist.
Und du musst den Filter aus deiner Wahrnehmungsbrille herausnehmen. Er selektiert in deiner Wahrnehmung nach gut und schlecht, also nach dem „das will ich haben" und dem „das will ich nicht haben". Das ist dein größtes Problem. Denn das hält dich davon ab, wirklich alles wahr- und wichtig zu nehmen.

Und nun zurück zur Dankbarkeit, die der Schlüssel ist:

Wenn du zu allem, was ist, auch zu Gefühlen von Unwohlsein, Symptomen von Krankheit und Gefühlen von Widerstand Ja sagen und dankbar dafür sein kannst, lernst du zuzuhören, und zwar das zu hören, was dieses Symptom, also der Schnupfen zum Beispiel, sagen will.

Nimm es wie ein kleines Kind auf den Schoß und höre zu!
Höre die Botschaft. In ihr findest du Hinweise zu deiner Heilung.
Du darfst zuhören lernen, um dich wieder ganz und heil zu fühlen."

Der Zwerg macht in seiner Rede eine kurze Pause.

Gut, denkst du, das ist schon eine ganze Menge, die du zu verarbeiten hast. Den Symptomen zuhören sollst du, Hinweise erhalten und dich dadurch wieder heil fühlen...

Er spricht weiter:

„Heilkräuter aus meinem Garten bekommst du darüber hinaus immer gerne, wenn du mich danach fragst! Ich gebe dir dann Hinweise, damit du das passende Kraut für dich besorgen kannst. Und wenn du möchtest, dass ich dir helfe, dann rufe mich. Ich werde da sein. Ich bin immer für dich da.

Das Wichtigste allerdings, was ich für dich tue, ist folgendes:

Ich sehe dich, wie du gemeint bist. Wie du immer gemeint warst.
Ich füge nichts hinzu und lasse nichts weg.
Und: ich glaube an dich."

Mit diesen gewichtigen Worten hört der weise Mensch auf zu sprechen.

Du betrachtest ihn, wie er dasteht und dich anschaut. Dich erreicht eine Welle von Wärme und Innigkeit. Du weißt, dass du ihm vertrauen kannst, auch wenn du noch nicht alles verstanden hast.

Er sagte, dass er dich immer so ansieht, wie du gemeint warst, vollständig und vollkommen. Er wird dir helfen, wenn du Hinweise benötigst, um dich selbst genauso heil und vollkommen zu sehen.

Eure Augen verbinden sich.
Ihr verbindet euch.

Und dir wird klar, dass du das erste Mal eine tiefe Verbundenheit zu deinem inneren Heiler gefunden hast.

Wieder bist du unendlich dankbar.

Du setzt dich auf den Kaminsims und nimmst die Tasse Kräutertee, die für dich dort hingestellt wurde. Du trinkst einige Schlucke und spürst das warme Kräuterwasser in deinen Körper hinabfließen. Wie eine reine, klare und liebevolle Energie, die dich von innen ausfüllt und erfüllt!

So dankbar bist du. Und du weißt, dass er es weiß.

Ohne große Worte zu verwenden machst du dich bereit für den Abschied.
Du verlässt das kleine Häuschen und gehst durch die Gartenpforte hinaus auf den Weg, der dich über blühende Felder und Wiesen ganz langsam wieder zurückführt. Zurück zu der Tür, die dein Seelen-Zuhause so sicher sein lässt.

Du lässt dir Zeit und schlenderst ganz gemütlich und andächtig. Es gibt wieder viel zum Nachdenken, aber du bist dir sicher, dass du das Wesentliche behalten hast.

Das Wesentliche ist:

Alles da sein zu lassen, was ist; und zuhören! Dann wirst du wertvolle Hinweise bekommen. Hinweise, die dich heil werden und heil sein lassen.
Und du weißt, wo du ihn findest, deinen inneren Heiler, wenn du Fragen hast.
Zum wiederholten Male spürst du tiefe Dankbarkeit in dir.

Und dann greifst du zum Türgriff, machst die Tür auf, gehst hindurch, und verschließt sie.

Wieder siehst du dich auf dem Sofa sitzen und es scheint, als wenn du dich die ganze Zeit über nicht bewegt hättest. Immer noch liegst du angeschmiegt an deiner Lehne.

Du nimmst dir noch ein wenig Zeit, um das, was du behalten möchtest, zu integrieren.

Und in deinem Tempo und mit dem Gefühl von Dankbarkeit erhebst du dich ganz langsam und gehst dann zur Treppe, die dich Stufe für Stufe wieder nach oben führt, hin in diese Zeit, an diesen Ort, an dem du dich befindest.

Gönne dir noch einige Minuten Ruhe, bevor du in deinen Alltag zurückgehst.

Die Heilerin

Heute machst du dich wie von selbst auf den Weg in deine innere Seelenbilderwelt. Du weißt bereits, wie es funktioniert und was du tun musst, damit du dich auf deinem Weg sicher fühlen kannst. Und es ist immer wieder schön, daran erinnert zu werden, sich auf den Weg zu machen. Auf den Weg zu dir. Denn es sind jedes Mal Teile von dir, die du wie Puzzlestücke einsammelst, damit du dich irgendwann vollständig fühlst.

Eigentlich fühlst du dich gut mit dir, aber es gibt auch Momente, in denen du vergisst, auf dich zu achten und ganz für dich da zu sein. Und jetzt ist wieder so ein Moment, in dem es für dich darauf ankommt, innezuhalten und dich zu besinnen. Und mit einer ganz besonderen Achtsamkeit betrittst du jetzt den Raum deiner inneren Seelenbilderwelt.
(Ende der Einleitung)

Und du machst dich gleich weiter auf den Weg, um eine ganz besondere Frau kennenzulernen. Du hast bereits von ihr gehört.

Sie verliert nicht viele Worte und sie arbeitet im Stillen, sie ist einfach nur da, mit ihren Händen.

Sie fühlt, was wichtig ist und was in seine ursprüngliche Ordnung gebracht werden muss. Deswegen kommen die Menschen zu ihr. Sie wissen, dass sie ihr vertrauen können, und sie vertrauen ihr. Vielleicht ist sie manchmal auch ihre letzte Hoffnung, weil kein anderer ihnen zu helfen vermochte. Und ganz zufällig haben diese Menschen dann von ihr gehört. So wie du.

Bis zu diesem Moment wärst du gar nicht darauf gekommen, dass es jemanden gibt, der einfach so zu heilen fähig ist. Der ein

Gespür dafür hat, wo es klemmt im Körper und welche Handgriffe nötig sind, um die Blockade zu lösen.

Natürlich weißt du, dass alles energetische Ursachen hat und dass jede Blockade dir auch eine Botschaft übermitteln möchte, aber bei körperlichen Schmerzen ist es nicht so einfach, sich diese Fragen zu stellen und auf mögliche Antworten zu lauschen.

Und so kann es wie eine Erlösung wirken, zu jemandem gehen zu dürfen, der den Körper zu richten weiß, damit alles wieder in den Fluss kommt und damit ins Erkennen fließen kann.

Das alles hast du gehört. Und deswegen bist du sehr gespannt auf diese Frau.

Mit Neugier gehst du auf deinem Weg.

Du spürst auch so etwas wie Hochachtung.

Und ein wenig fühlst du in deinem Körper nach, ob du etwas finden kannst, was zwickt oder wehtut. Denn du ahnst bereits, dass du einem prüfenden Blick ausgesetzt sein wirst.

Bei dieser Vorstellung wird dir ein bisschen mulmig zumute. Daran merkst du, wie schnell du dazu neigst, etwas zu verdrängen, oder etwas nicht wahrhaben oder zeigen zu wollen.

Du überlegst, warum das so ist.

Vielleicht ist es die Sorge, nicht gut genug zu sein. Oder der Glaubenssatz, dass du nur dann liebenswert bist, wenn du gut funktionierst und wenn dir nichts dafür im Wege steht.

Krank zu sein ist nicht gewollt, stört dich sogar, weil du dich dann schnell nicht leistungsfähig und attraktiv findest.
Und so musst du zugeben, dass du zu der Gruppe von Menschen zählst, die oft über ihre Kräfte gehen und weiterarbeiten, obwohl eine Pause nötig wäre.

Bei diesem Gedanken bewegst du dich sofort ein wenig achtsamer. Du weißt, keiner drängt dich und du hast alle Zeit der Welt.

Du genießt das Rauschen der Blätter, den Wind auf deiner Haut, die angenehme Wärme, die schon ein wenig den Herbst erahnen lässt.

Der Weg führt dich zu einem Haus am Waldrand.
Dieses Haus unterscheidet sich kaum von den Farbtönen des Waldes. Und es ist klein und rundlich. Es fügt sich ein in das Bild der Natur.

Einladend sieht es aus.

Du gehst hinein und bemerkst gleich einige andere Menschen, die wartend auf Stühlen sitzen.
Die Atmosphäre ist ruhig und entspannt, ganz anders als in üblichen Arztpraxen, wo man sich in der Regel erst freut, wenn man die Räumlichkeiten wieder verlassen darf.
Hier scheinen die Menschen gerne zu warten, vielleicht, weil der Ort an sich schon eine Wirkung von Heil-Sein ausstrahlt.

Die Stühle sind harmonisch angeordnet, auf einem Tisch in der Mitte steht Wasser bereit, und die Dekoration ist schlicht und beruhigend.
Die Wände sind in einem zarten Grün gehalten, die hellen Vorhänge am Fenster wehen leicht im Wind, die Luft wirkt frisch und rein.

Und dann siehst du *sie*.

Sie steht einfach in der Tür.

Du hast sie gar nicht kommen hören.

Sie erkennt dich gleich und für einen Moment fragst du dich, warum das so ist. Bisher habt ihr nur telefoniert.

Sie schaut dich freundlich an und winkt dich hinein, sie weiß, warum du da bist.

Ob ihr beide das gleiche denkt?

Du wolltest sie nur beobachten, und jetzt stehst du selbst im Fokus. Damit hast du nicht gerechnet, oder doch?

Ein wenig erahnt vielleicht, aber wahrhaben wolltest du es nicht.

Sie bittet dich, auf einer Liege Platz zu nehmen und deine Beine auszustrecken.
Deine Strümpfe kannst du anbehalten und überhaupt, es gibt hier nichts, was dich auch nur ansatzweise unwohl fühlen lassen könnte.

Sie beginnt zu arbeiten: dabei drückt sie an deinem Fußgewölbe an unterschiedlichen Punkten.

„Deine Brustwirbel sind verrenkt und deine Halswirbel", sagt sie. „Hast du keine Schmerzen gehabt? Oder Einschränkungen bemerkt?"

Einen kleinen Moment lang ist es still.
Natürlich hast du es gemerkt, ein klein wenig zumindest, aber du wolltest es nicht wahrhaben und wolltest dich auch nicht einschränken lassen.

„Wir beginnen mit den Brustwirbeln", führt sie fort und beendet damit vorerst deine Gedankengänge.
„Leg dich auf den Bauch und atme entspannt. Mehr brauchst du nicht zu tun. Vertraue einfach".

Du registrierst, dass dein Vertrauen da ist, auch ohne, dass sie es hätte sagen müssen. Die Sicherheit dieser Frau beeindruckt dich.

Du entspannst dich sofort. Und plötzlich trägst du keine Lasten mehr, keine Verantwortung. Du fühlst dich leicht.
Im Grunde hast du dich danach gesehnt, einmal alles abzugeben, nichts zu tragen.

Es macht Knack.

Brustwirbel eingerenkt.

Du legst dich auf den Rücken und sie beginnt, an deinem Hals zu fühlen, den Kopf nach links und rechts zu drehen.

Er liegt ganz sicher in ihren Händen, fallen lassen kannst du ihn, ganz fallen lassen hinein in heilende Hände.

Mit einer schnellen Bewegung dreht sie deinen Kopf nach links, es knirscht, dann nach rechts, und es knirscht wieder.
Das Geräusch ist ein wenig unangenehm in den Ohren.

Wieder bist du beeindruckt.

Niemals hättest du dich getraut, so etwas bei anderen zu tun. Viel zu groß wäre deine Angst gewesen, etwas kaputt zu machen an der sensiblen Wirbelsäule.

Sie tut es einfach.
Sie vertraut auf ihre innere Führung.

Kein Zweifel ist spürbar, nur zweifellose Sicherheit.

Ein *ganz im Moment sein* und *sich führen lassen*.

Dann darfst du aufstehen. Langsam sollst du machen und prüfen, ob es dir gut geht.
Du fühlst dich wie erneuert. So, als wenn etwas freier geworden ist in dir und die Energie, dein Lebensfluss, wieder leichter fließen kann.

Und du hast mehr als eine Ahnung bekommen von dieser Frau und ihrer Arbeit.

Heilen ist ihr Beruf.

Und du hast gespürt, wie es sich anfühlt bei jemandem, der tut, wozu er berufen ist. Und dabei nicht viele Worte verliert.

Freundlich nickst du den anderen Menschen zu, während du in Gedanken versunken das Haus verlässt.

In wenigen Minuten ist so viel mehr Frieden in dir entstanden.
Du willst ihn mitnehmen in deinen Alltag, mehr auf dich achten, dir öfter diese schwerelose Ruhe gönnen, einfach so.

Die Erinnerung an deine Heilerin wird dir helfen. Und du weißt, ein Teil von ihr ist in dir.
Sie spricht mit dir auch ohne Worte.

- kleine Pause

Du gehst bewusst und achtsam hinaus aus deiner eigenen Seelenbilderwelt. Du weißt ja, dass du sie mit dir trägst.

Und immer wieder kannst du hinabgehen und hinein in dich, immer dann, wenn dir danach ist.

Nimm dir jetzt deine Zeit, um nachwirken zu lassen, was sich in dir regt. Und komm danach in deinem Tempo zurück in diese Zeit, in deinen Lebensraum. Sei achtsam.

Dein innerer Wächter

Vielleicht gehst du dieses Mal mit gemischten Gefühlen in die Zeit der Entspannung.
Und wenn das für dich nicht zutreffen sollte, kennst du sicher auch solche Situationen, in denen du dich gefühlt hast, wie es hier beschrieben ist.
Du fühlst dich dann wie getrieben, und für nichts kannst du dich klar entscheiden. Du springst zwischen den Gedanken, zwischen dem, was du zwar anfängst, aber nicht beendest, und wenn du ganz ehrlich bist, bist du sogar sehr unzufrieden, so sehr, dass es dich fast wütend sein lässt. Oder verzweifelt?
Vielleicht bemerkst du sogar, dass du schreien oder rennen könntest, so viel Energie ist dann in dir. Wütende, negative, ärgerliche, unzufriedene Energie.
Vielleicht denkst du sogar, dass dir in dieser Situation eine Meditation nicht helfen kann. Das mag sein. Das darf sogar sein.

Und doch liest du weiter.
Und meditierst.
Du weißt mittlerweile, dass diese Zeit dir guttut, auch wenn du dich vielleicht überwinden musst, dir ganz bewusst diese Auszeit zu schenken.

Und jetzt bemerkst du, dass du jetzt ruhiger wirst. Es ist ein „ruhig“, das sich anfühlt, als wenn du ganz langsam an innerer Tiefe gewinnst, oder endlich, *endlich* einmal tief durchatmen kannst.

Mit diesem Durchatmen sinkst du förmlich in dich hinein.

Und immer wieder, wenn du tiefer in dich hinein sinkst, ist ein Loslassen damit verbunden.
Loslassen von allem, was dich eben noch beschäftigt hat, auch ein Loslassen von belastenden Gefühlen, Gedanken, Geschichten.

Spannend ist, dass du dich zwar immer tiefer fallen lässt, dabei aber das Gefühl von Belastung weniger wird. Du sinkst also in deine innere Schwere und wirst zugleich immer leichter. Spürst du es?

Und wieder atmest du tief ein und wieder aus. Und lässt weiter los.

Ein kleiner Moment von Gedankenlosigkeit war schon da.

Und da ist er wieder, dieser Moment von reiner Stille, auch, wenn er nur ganz kurz war.

Versuche, ihn auszuweiten.

Diese Zeit zwischen dem Ende eines Gedankens und dem Beginn eines neuen. Eine Zeit der Zeitlosigkeit.

Und je tiefer du hinabsinkst, desto mehr kannst du diese kurzen Zeitabschnitte erleben. Du sinkst, und lässt immer mehr los.

Wieder ist es ruhig. Ruhig. In dir.

Länger ruhig, tief, in dir.

Und vielleicht denkst du, dass es schon reicht, diese kleine Auszeit, dass du sie bereits jetzt wieder beenden könntest.
Das darf sein.

Und doch bleibst du. Du bleibst, weil du Verbindung aufbauen möchtest zu Jemandem, zu dem du vielleicht ein ambivalentes Verhältnis hast, auch ohne es zu wissen.

Aber *Er* weiß es.
Er weiß es, weil du ihn auf eine bestimmte Art ablehnst.

Du beachtest ihn immer erst, wenn es nicht mehr geht.
Wenn es nicht mehr weiter geht, weil du erschöpft bist, deine Kräfte verbraucht, vielleicht sogar über deine Tagesenergie hinaus Kraft verpulvert hast.

Ja, so ist es, viele verpulvern ihre Kraft, weil sie an Zielen festhalten, die sie für wichtig halten, ohne die Wichtigkeit dieser Ziele von Zeit zu Zeit in Frage zu stellen, ohne vielleicht auch festzustellen, dass ein anderes Ziel viel wichtiger geworden ist.

So wie du. Du rennst auch gerne den lieben langen Tag hinter vermeintlich Wichtigem hinterher, und abends liegst du müde und erschöpft auf dem Sofa. Und es geht nichts mehr.

Und wenn du dann an den nächsten Morgen denkst, an dem die Arbeit von Neuem beginnen wird, fühlst du dich noch müder und manchmal sogar wie leer.

„Das soll das Leben sein?“, fragst du dich dann. „Das soll alles sein?“
(Ende der Einleitung)

Mit diesen Fragen bist du wie selbstverständlich in deiner inneren Seelen-Welt angekommen.

Dieses Mal ist es ein Gefühl von innerer Leere, fast von Aussichtslosigkeit oder Aufgeben, das dich zurück nach Hause und hin zu dir gebracht hat. Ja, du gibst auf, von dem „Immer höher, Immer weiter“, wie du dein Leben oft empfindest.

Vielleicht magst du es dir gar nicht eingestehen, aber es fühlt sich entspannt an, dieses Aufgeben. Oder?
Plötzlich ist da nur noch Fallenlassen, ein Fallenlassen in dich hinein, und es fühlt sich gar nicht so an, als wenn es dir Angst bereiten müsste, nein, es ist ein Fallenlassen, wie wenn eine Feder ganz langsam Richtung Boden schwebt. Die Luft trägt sie, der Wind bringt sie an einen ganz bestimmten Ort, den sie noch nicht kennt, und sie lässt sich tragen, weil sie ahnt, dass es richtig ist, wie es ist.

So fühlst du dich jetzt auch.

Immer leichter.

Wie leicht Ankommen sein kann!

Ankommen, weil man seinem Schicksal folgt. Dem folgt, wohin das Schicksal einen schickt. Mehr nicht.

Du lässt dich ein, auf diesen Moment. Wie die Feder.

Du schwebst, du fliegst. Ganz langsam und sacht.

Wie auf einer Luftmatratze liegend auf den sanften Wellen des Meeres.

- Pause

Und ohne, dass dir jemand gegenübergetreten ist, weißt du plötzlich, dass dieser Jemand dafür gesorgt hat, dass du loslässt. Loslässt von allem, was eben noch schwer war.

Dieses Loslassen war wichtig, weil du sonst noch mehr Kraft verbraucht hättest, Kraft, die du gar nicht mehr gehabt hast. Kraft, die du beim Festhalten vergeudet hättest.

Es scheint zwar ein wenig beunruhigend, aber gleichzeitig befreiend, diese Erkenntnis so deutlich zu spüren.
Du brauchtest diese Auszeit, sonst wäre es dir immer schlechter gegangen.

„Oder du wärest gänzlich von deinem Weg abgekommen“, hörst du dich innerlich sagen.

Schon längst weißt du, dass das, was du tust, nicht immer dem entspricht, was du eigentlich willst. Und doch tust du es. Weil du meinst, es müsste sein.

„Muss es das wirklich?“

„Wärst du nicht viel glücklicher, vielleicht sogar gesünder und energievoller, wenn du etwas Grundlegendes ändern würdest in deinem Leben?“

Du konfrontierst dich selbst mit den Fragen, die du bisher vor dir hergeschoben hast. Und du weißt, dass sie berechtigt sind.
Du bist nicht auf dem Weg, der deiner ist, jedenfalls nicht immer.

Viel zu oft lässt du dich abbringen, weil du Mustern folgst, die andere dir vorgeben. Und die du bisher nicht hinterfragt hast.

Und auch, wenn dein Lebensweg grundsätzlich stimmt und du deiner Berufung folgst, gehst du bisweilen weit über deine eigenen Kräfte hinaus.

Dann wirst du unzufrieden. Und du bist erschöpft.

So wie eben am Beginn deiner Auszeit.

So klar scheint es dir jetzt zu sein. So nachvollziehbar.

Und du erkennst, dass Unzufriedenheit wichtig ist, um stehenzubleiben, innezuhalten, um zu überprüfen, was falsch läuft. Um immer wieder zu sich selbst zurückzukommen.

Du atmest durch, dieses Mal ist das Atmen ein dankbares.
Mit dem Ausatmen verströmt sich das Dankbarsein in deinem Körper.

Einfach dankbar bist du.

Worte können kaum ausdrücken, was du fühlst.

Du möchtest dich bedanken, bei dir, bei der Erkenntnis an sich, und das erste Mal freust du dich darüber, dass du eben erschöpft und unzufrieden warst. Denn so bist du hierhergekommen. Und damit in dieses tiefe Gefühl von Dankbarkeit, in ein Gefühl von Frieden.

Unzufriedenheit ist dein innerer Wächter, der sich meldet, wenn du nicht rechtzeitig für dich sorgst.
Wenn du nicht überprüfst, ob du ganz bei dem bist, was du tust.

Ob das Ziel, dem du folgst, ein Herzensanliegen ist.

Ob genug Herz in deinem Handeln dabei ist.

Bei dem, wie du sprichst, bei dem, wie du fühlst.

Du atmest tief aus, und beim Einatmen füllst du dich immer mehr mit Dankbarkeit.

Die Dankbarkeit wird zu Liebe. Liebe zu dir selbst.

Wie glücklich du jetzt bist, wie klar, wie dankbar, fast selig.

Die folgenden zwei Minuten sind nur für dich bestimmt.

- Pause

Bleibe in der tiefen Verbundenheit mit dir selbst.

Und löse dich behutsam aus der Zeit der Versenkung.

Vertiefe dann deine Atmung und beginne, dir deines Körpers bewusst zu werden. Bewege ihn, recke und strecke dich, und spüre die Kraft in deinen Adern, in deinem gesamten Körper.

Gehe bewusst mit deiner Energie um, wenn du jetzt wieder in deinen Alltag zurückkehrst. Und gehe mit Tatkraft auf deinem Lebensweg.

Dein innerer König

Heute gehst du mit Andacht und fast würdevoll die Treppen hinunter.
Mit jedem Atemzug gehst du bewusst Stufe um Stufe hinab.
Du bist in deiner Haltung gerade und aufgerichtet.
Eine Hand liegt auf dem Gelände der Treppe.
Du weißt, was dich erwartet, und du weißt, dass du es verdient hast. Und zwar nicht durch irgendeine Leistung, wie du vielleicht denken könntest, nein, du verdienst es, weil du dich dafür entscheidest, ganz bei dir zu sein. Und die Betonung liegt hier im Detail:

Ganz bei dir!

Das bedeutet, *du* bist *ganz*! Ganz und vollständig.
Und du bist bei *dir*.
Und nur bei dir, denn mit deiner vollständigen Aufmerksamkeit und Präsenz hast du die Möglichkeit, dieses *Ganz-Sein* erleben zu können.

Und weil du auf einem guten Weg in dieses Wissen bist, fühlst du dich andächtig und würdevoll und genießt es, Stufe für Stufe hinabzusteigen.

Mit dieser Erkenntnis atmest du bewusst *tiefer* ein, ein in deine Lungen, in dein ganzes Lebendig-Sein, und dann atmest du wieder aus. Mit dem Ausatmen lässt du dich noch tiefer hineinsinken in dieses Wissen. Du könntest es ein bewusstes Präsent-Sein nennen.

Ein erstes Gefühl von Dankbarkeit erreicht dich.

Noch ist es vielleicht mit einem kleinen Zweifel vermischt, aber es ist doch als Dankbarkeit zu erkennen.

Du lässt sie größer werden in dir, und entspannst dich gleichzeitig in diese Dankbarkeit hinein.

Einfach ganz bei dir zu sein ist fast gleichbedeutend mit Dankbar Sein. Das wird dir immer klarer. Und es darf sein.
Ja, für diesen einen Moment gibst du dir die Erlaubnis, einfach nur bei dir zu sein.

In deinem Alltag scheint es oft anders zu sein. Ganz bei dir und gleichzeitig für andere sowie die Anforderungen des Lebens da zu sein, scheinen sich auszuschließen.
So mag in dir oft der Wunsch entstehen, dein Leben besser kontrollieren oder am liebsten wissen zu wollen, was es an Aufgaben und Herausforderungen für dich geplant hat. Damit du dich dann besser darauf vorbereiten kannst.
Vielleicht auch wissen zu wollen, ob Entscheidungen, die du getroffen hast, die richtigen waren.

Gerne hättest du in deinem Alltag dieses Gefühl von Gelassenheit, von einer Bereitschaft, einfach nur da zu sein im jetzigen Moment. Ohne Zweifel an irgendetwas.

Oft sehnst du dich nach diesem Gefühl von Sicherheit und Richtig-Sein.
Jetzt ist es da, einfach, weil du alles so sein lässt, wie es gerade ist.

Und wieder atmest du durch, vielleicht, weil die Erkenntnis in dir größer geworden ist.

Mit diesem inneren Wissen gehst du ein weiteres Mal bewusst durch die Tür, die die Aufschrift „Dein Zuhause“ trägt.

Und als du hindurch gegangen bist, schließt du die Tür wieder hinter dir.
(Ende der Einleitung)

Du lässt dich ein auf deine innere Seelenbilderwelt, im Grunde ist sie dein eigenes inneres Königreich.

Ja, es ist irgendwie ein Reich, ein großes unendliches Land mit unvorstellbaren Möglichkeiten.

Und ohne, dass du behaupten könntest, dass du bereits alles gesehen hast, bist du doch ganz sicher, dass du dich hier *reich* fühlst, weil es nichts für dich gibt, was fehlen könnte.
Immer, wenn du hier bist, fühlst du dich reich und vollständig.
Das Gefühl ist intensiv, es ist groß, und gleichzeitig ist es wie eine sanfte ruhige Stille, die sich in dir ausbreitet.

Die Stille wird weiter und größer in ihrem Strahlen, fast so, als wenn sich Sonnenstrahlen in deinem Körper in jede Richtung ausbreiten. Ja, es scheint so, als wenn diese Stille wie eine Sonne in deinem Körper ist.

Vor deinem inneren Auge siehst du dieses Bild, dich als Person und als Sonne, die aus deiner Mitte heraus strahlt und dich mit Sonnenstrahlen noch viel größer erscheinen lässt.

Beinahe königlich.

Du, als Sonne, mit langen leuchtenden Sonnenstrahlen, die weit über dich hinausreichen.

Es scheint natürlich und alles richtig zu sein, so, wie es ist.
Genau so darf es sein. Und so ist es.

Dir wird klar, warum du es richtig findest. Die innere Größe hat nichts mit äußerem Reichtum zu tun, auch nicht mit Machtstreben oder dem Bedürfnis, Eindruck zu machen auf andere Menschen. Nein, es ist eher das Gegenteil. Es ist das Wissen, in deinem Inneren alles zu haben, auch alles zu finden, was du brauchst, und was dich ausmacht.

Nicht zu vergleichen ist es mit dem, was du in der Welt oft gesucht, aber nie bleibend gefunden hast.
Das Streben nach äußeren Besitztümern, Anerkennung, Erfolg und Macht scheint so bedeutungslos jetzt und hier zu sein, als wenn du erkennst, dass alles nur äußerer, aber falscher Glanz ist.
Er bröckelt schnell ab und hält nie lange an.

Dieses Gefühl aber, das du hier und jetzt in dir trägst, das, was nach außen und darüber hinaus strahlt, das kommt aus deinem inneren Kern, aus der tiefen und reinen Stille in dir, die wirklich fast königlich anmutet, weil sie aus einer Präsenz kommt, die dich an einen König erinnern lässt.

Ein weiser König, der mit Güte und Vertrauenswürdigkeit ausgestattet ist.

Er ist deine innere Führung.

Er ist deine innere Weisheit.

Und *er* lehrt dich, deine Augen, die oft nach außen gerichtet sind, nach innen zu wenden, still zu werden, damit du dich im Vertrauen führen lassen kannst. Damit du lernst, *dich* zu führen, indem du dich einlässt auf die *Führung* in dir.

So bist du sicher in dir, unabhängig davon, wie hoch die Wellen neben dir schlagen. Du bist sicher, weil du angebunden bist, an deine innere königliche Führung.

Er, diese deine hohe Stimme, weiß den Weg, und versichert dir, dass du dich vertrauensvoll hingeben darfst, *dem*, was das Schicksal für dich vorgesehen hat.

Manchmal scheint dir vielleicht nicht klar zu sein, dass ein Schicksalsschlag gut für dich sein sollte, aber wenn du dich in dem Moment daran erinnerst, dass du immer und in diesem Augenblick geführt wirst und sicher bist, dann entsteht vielleicht Vertrauen, dass das, was ist, gut ist. Magst du es versuchen?

Du darfst vertrauen.

Du kannst dich fallen lassen.

Du bist beschützt.

Du bist sicher.

In dir.

Du spürst die Verbindung zu deiner inneren Führung.

Du fühlst dich sicher in dem Wissen, dass du einen weisen, leisen, inneren König in dir trägst.

Wieder ist Dankbarkeit in dir, und du lässt dich ein, du lässt dich fallen in das Gefühl von Dankbar-Sein.

Und du lässt es größer werden in den nun folgenden Minuten.

- Pause

Und dann löst du dich nach und nach aus deinen inneren Bildern. Nimm mit, was mitgenommen werden möchte.

Und gehe langsam wieder zurück zu der Tür, die dich in das Hier und Jetzt zurückführt. Du öffnest sie, schreitest hindurch, und schließt sie wieder hinter dir.

Ganz langsam und bewusst gehst du Stufe um Stufe hinauf, bis du wieder angekommen bist in diesem Raum, in dieser Zeit.

Bewege dann vorsichtig deinen Körper, bis du dich bereit fühlst, deinen Alltag fortzusetzen.

Deine innere Königin

Heute bist du leise. Leise von ganz allein. Und leise bedeutet für dich nicht, dass du unscheinbar bist oder dich versteckt hast.
Im Gegenteil.
Leise bist du, weil du bereits jetzt deine innere Ruhe gefunden hast, zumindest weiß ein Teil von dir, wie diese innere Ruhe zu finden ist.

Und auch wenn ein anderer Bereich in dir noch unruhig oder vielleicht angestrengt sein sollte, ist der Teil in dir, der um diese innere Ruhe weiß, ganz aktiv dabei, für dich zu sorgen.
Er erinnert dich. Er führt dich. Und manchmal wirst du leise und ruhig, ohne dass du dir erklären kannst, wie es auf einmal kam, dass dieses tiefe Gefühl von Friedlichkeit dich erreicht hat.

So wie jetzt.

Es bedurfte gar nicht vieler Worte, nur einen kurzen Entschluss, eine kleine Bereitschaft, jetzt einige Momente tiefer Entspannung zu erleben, sich hinzugeben in eine Leichtigkeit, die sich in dir ausbreitet, wenn du deine Augen geschlossen hast.

Du sinkst hinab und lässt dich fallen in dein inneres Sein.

In das Land deines inneren Reiches.

Dort, wo nur du zuhause bist.

Dort, wo du *ganz* bist, weil du dich heil fühlst.

Und weil du dich dort heil fühlst, kannst du dir erlauben, leise zu sein.
Du hast alles, was du benötigst, und irgendwie benötigst du gar nicht viel. Eigentlich gar nichts.

Es scheint fast widersprüchlich zu sein, ein kleiner leiser Entschluss, du schließt deine Augen, du versinkst in dir, du lässt dich fallen, du gibst dich hin, in dein eigenes Seelen-Bilder-Reich, und schon ist alles da, was dich friedlich fühlen lässt.

So wenig ist nötig, um diesen unendlichen Raum zu spüren, der dich tief durchatmen lässt und dir so viel Energie zuführt, ja zukommen lässt. Einfach so.

Du atmest wieder durch, und du bemerkst, wie du dabei noch tiefer in dich hineinfällst, in dein inneres Zuhause.

In Dein Reich.

Das Reich, das dich vollständig fühlen lässt.

Du weißt, was du willst.
JA, so kann man es sagen. Mit der Ruhe und Friedlichkeit, die du in dir hast, bist du ganz sicher in dem, was dir wichtig ist.

Jetzt nimmst du zielstrebig den Türgriff in deine Hand, trittst über die Schwelle, und gehst hinein in dein Seelen-Zuhause. Hinter dir schließt du die Tür wieder achtsam zu.
(Ende der Einleitung)

Du fühlst dich präsent. ES ist präsent. In dir.

Jede Faser deines Seins drückt dieses Präsent-Sein aus.
Da ist kein Zweifel, und wenn einer da ist, dann hat er seinen festen Platz und seine Berechtigung. Er verstärkt nur dein Präsent-Sein.

Du bist aufmerksam, achtsam und zugewandt für das, was sich dir in jedem einzelnen Moment offenbart.

Alles, was sich dir zeigt, nimmst du wahr, ohne dich in Einzelheiten zu verlieren. Wichtig ist das, was jetzt da ist, was du hörst, was du fühlst, was du riechen kannst, was du siehst.

Eine besondere Energie des Seins hat begonnen, in dir zu leben, sich in dir zu zeigen.
Sie ist groß und still, achtsam und gütig, stark und geduldig, aufmerksam und offen, und hilfsbereit.

Du fühlst dich groß und still, achtsam und gütig, stark und geduldig, aufmerksam und offen, und hilfsbereit.

Es ist ein besonderes Gefühl, in dieser Energie zu sein.

Es ist, als wenn du innerlich ein ganzes Stück größer geworden bist und gleichzeitig diese Größe nach außen strahlst.

Gut fühlt es sich an. Und auch dieses Gut ist ein besonderes „gut", weil dieses „gut" dich mit allem, was lebt, innig verbunden hat.

Du besitzt das Wissen, dass alles miteinander verbunden ist.

Du fühlst dich gleich mit Gleichen, groß in deiner inneren Größe.

Nichts lenkt dich ab von diesem Wissen.

Du lächelst in dich hinein. Und du lächelst nach außen.

Wenn du jetzt in einen Spiegel blicken könntest, würdest du dir selbst zulächeln.

Und fast ist es so, als wenn du dir selbst dabei zuschaust, wie du innerlich lächelnd in dem Land deiner Seele spazieren gehst.

Nimm dir einen Moment, um genau dies zu tun, *dir* zuzuschauen.

Und vielleicht kommst du an Seen und Wäldern vorbei, an Feldern mit Blumen oder Getreide, an kleineren und größeren Häusern, an Dörfern, an Kindern, die dir zuwinken.
Du siehst Menschen am Wegesrand.

Du lächelst ihnen zu, sie grüßen dich, und da gibt es sogar einige, die dich einfach um Rat fragen, und andere, die eine Bitte an dich richten.

Für jeden nimmst du dir einen Moment Zeit, jedes Anliegen ist dir gleich wichtig.

- kleine Pause

Und dann gehst du weiter auf deinem Weg durch die Wälder, über die Wege, die Straßen, bis sich ein Weg in eine Allee öffnet, die von großen prächtigen Bäumen umsäumt ist.

Diese Allee gehst du entlang, und es dauert nicht lange, dann siehst du, wohin sie dich führt.

Vor deinen Augen erscheint ein Königshaus.

Gepflegt sieht es aus, und vor dem Eingang ist ein großes Rondell, es plätschert ein Springbrunnen.
Überall blühen Blumen in bunten Farben.

Und obwohl es ein Königshaus ist, wirkt es nicht erhaben oder respekt-einflößend, sondern eher einladend und gemütlich.

Jedes Mal, wenn du es siehst, macht es dich glücklich, weil es wie ein Teil von dir wirkt. Ein Ausdruck deiner Persönlichkeit. Und damit ein Ausdruck von dir.

Du freust dich, für einen Moment hier nach Hause zu kommen.

Du freust dich, weil du weißt, dass du freundlich empfangen wirst.
Weil es *dich* freundlich empfängt.

Innen wartet bereits jemand auf dich.
Auch er freut sich jedes Mal, dich zu sehen. Weil er weiß, wie wichtig du bist.

Er schätzt deine Präsenz, deine Achtsamkeit, deine Stille, deine Aufmerksamkeit, deinen Rat.
Er weiß darum, dass er sich durch dich stark fühlt, weil du an seiner Seite bist.
Weil du da bist.

Du bist seine Königin.

Ein Blick reicht, und schon habt ihr eure Verbindung erneuert.

So wie jetzt.

Ihr schaut euch an, und es ist, als wenn du dich in seinen Augen siehst. Du verlierst dich nicht in ihnen, aber du gehst in sie hinein, in ihnen auf.

Bei ihm ist es genauso.

Ihr seid eine Verbindung, auch wenn jeder um sich selbst und seinen Platz in diesem Königreich weiß.

Du liebst ihn, deinen König, und du liebst dich, die Königin in dir.

Du bist für ihn da, wenn er dich braucht, und er ist für dich da, als König an deiner Seite.

Es ist vertraut zwischen euch, weil jeder um sich selbst weiß, und um den anderen.

Und so führt ihr euer Königreich gut, mit starker Hand, liebevoll und weise.

Schau dich um in deinem Schloss, in deinem Königshaus, und verbringe die folgenden Minuten in deiner Stille, ganz präsent und achtsam.

- Pause

Und dann entscheide dich bewusst, diesen königlichen Teil deines Seelen-Zuhauses wieder zu verabschieden.
Zurückzugehen durch das Reich deiner Seele und hin zu der Tür, die dich hinausführt.

Gehe in deinem Tempo, das dir Zeit lässt, alles an Erfahrungen zu integrieren.

Dann gehe durch die Tür, schließe sie wieder, und komm Stufe für Stufe nach oben, in dein jetziges Leben.

Vertiefe deinen Atem, und öffne deine Augen, wenn du dich bereit dafür fühlst.

Der Philosoph

Wieder freust du dich auf eine Zeit mit dir, und du richtest dich auf deine Weise ein. Das genügt.
(Ende der Einleitung)

Irgendwie unbemerkt ist diese Zeit zu einem Ritual geworden, auf das du nicht mehr verzichten möchtest.
Du weißt es zu schätzen, geführt zu werden, geführt in die Welt deiner Seelenbilder, und du weißt, dass nur *du* dich dorthin führen kannst.
Dahin führen, dass du Zeit mit dir verbringst, dich zu öffnen und dich einzulassen auf die Weite, die sich nur in deinem Inneren offenbart.

Und mittlerweile ist dir sonnenklar, dass sich Welten eröffnen, wenn du deine Augen nach außen schließt und nach innen öffnest. Es sind Welten, die du zunächst niemals in deinem Inneren vermutet hättest. Und wenn du ganz ehrlich zu dir bist, sind es Welten, die du draußen niemals finden kannst.

Fast demütig musst du dir diese Erkenntnis eingestehen, dass du schon mal anders gedacht hast: damals, was noch gar nicht lange her ist, wärst du nicht im Traum darauf gekommen, Zeit ungenutzt vergehen zu lassen.
Ja, du hast es als nutzlos angesehen, eine Pause zu machen, dir einfach einmal Ruhe zu gönnen. Zeit nur mit dir und mit niemand anderem zu verbringen.

Du wolltest effizient sein, so viel wie möglich schaffen, Ziele erreichen, die du dir selbst und auch andere dir gesteckt haben.
Du wolltest es zu Geld und Reichtümern bringen, zu Kindern und Familie vielleicht, zu einem tollen Partner.

Du wolltest Anerkennung, Wertschätzung, Geld, Lob, Erfolg und vielleicht auch eine steile Karriere.

Das alles hast du als Ziel deines Lebens gesehen, darin hast du dein Glück gesucht.
Wie fast alle Menschen.

Und irgendwann gab es dann den Zeitpunkt, an dem du nicht mehr sicher warst, ob *das* alles richtig war.
Das erste Mal in deinem Leben bist du angehalten, stehengeblieben an dem Punkt, an dem du gestanden hast, und du hast dich gefragt, ob du auf dem richtigen Weg unterwegs bist.

Und ob der Weg zu dem Ziel führt, das du erreichen willst.

Und ob dieses Ziel eigentlich deines ist.

Das erste Mal hast du deine Augen nach außen geschlossen und nach innen geöffnet.
Du hast auch deine Ohren nach außen geschlossen und nach innen geöffnet.
Das allererste Mal hast du nach innen geschaut und nach innen gehört, um Antworten zu finden auf diese ersten, aber nicht mehr überhörbaren Unsicherheiten.
Und intuitiv wusstest du, dass du Antworten nur in dir finden würdest. Keiner konnte dir abnehmen, dir selbst zu antworten.

Du bist froh, dass es so gewesen ist.
Denn jetzt weißt du um den Wert dieser Innenschau und freust dich auf sie.
Wie jetzt in diesem Augenblick.

Wie wertvoll er ist, dieser Augenblick!

Du tust nichts, jedenfalls bewegst du dich nicht. Dein Körper ruht auf seiner Unterlage. Du spürst nur deinen regelmäßigen Atemrhythmus.
Wie von selbst atmet es in dir.
Es atmet dich.

Und nichts anderes ist nötig. Es ist gut, wie es ist.
Wenn du die Augen nicht längst geschlossen hättest, würdest du sie jetzt schließen.

Es ist kaum in Worten auszudrücken, wie viel du in einem Moment empfinden kannst.
Wieviel an Tiefe, an Dankbarkeit, an Frieden.

Einfach so.

Dieses Gefühl lässt du größer werden, so dass es sich ausbreiten kann. Und du lässt für diesen Augenblick eine Pause einkehren in deinem Denken, das schon ein wenig philosophische Züge angenommen hat.

Es ist oft schwer, das Denken in dir zu stoppen, es gelingt vielleicht nur für wenige Sekunden. Und schon wieder ist ein neuer Gedanke in dir, der dich für den Moment aus dem *einen* Augenblick zu reißen scheint.
Und doch versuchst du immer wieder, das Denken zu unterbrechen. Und einfach nur DA ZU SEIN. Ganz im Sein aufzugehen.

In deinem Sein.

Wie wäre es, nur einen einzigen Augenblick empfinden zu können?

Einen nicht endenden Augenblick zu erleben?

Wahrscheinlich ist es so, wie wenn ein Wassertropfen ins Meer fällt und zu dem großen Ozean wird, von dem er sonst nur gehört hatte.

Du magst dieses Sinn-Bild irgendwie.

Und ein klein wenig wirst du jetzt selbst zu diesem Wassertropfen in einem großen Ozean.

Du löst dich auf für einen Augenblick.

Du gehst ein in reines Sein.
Reines Sein.

In diesem Augenblick ist kein Denken vorhanden, nur Sein, *bewusst Sein*.

Es ist wie Schweben, sich treiben lassen, sonst nichts.

Und in diesem Nichts ist irgendwie alles da. Alles, was du brauchst, vor allem alles, was dich glücklich fühlen lässt.

Und wieder ist es mehr als Glücklich Sein. Du überlegst ein wenig, welches Wort diese Form des Seins am besten auszudrücken vermag.

Dir fällt nur eines ein:

Es ist eine Art von Glückseligkeit.
Glücklich und selig zugleich.

Du atmest durch und gibst dich mit deiner Ausatmung noch mehr in dieses Gefühl, in dieses Seins-Gefühl hinein.

Du *bist* reines Sein.

Und vielleicht kannst du wahrnehmen, dass in diesem Sein keine Gedanken mehr Besitz von dir ergreifen, wenn überhaupt kannst du sie mit Abstand, ja, mit einer wohltuenden Distanz beobachten. Doch du bist nicht mehr das, was deine Gedanken dir zu sein vorgeben.

Erleichterung überkommt dich, und wieder gibst du dich diesem Schwebezustand hin.

Ganz Sein in einem Augenblick, der ewig währt.

Langsam reift in dir eine Erkenntnis, die du mit in deinen Alltag nehmen möchtest. Die Erkenntnis, die wie inneres Wissen in dir Platz genommen hat.

Du erkennst, dass in jedem bewusst gelebten Augenblick ein tiefer Frieden enthalten ist, auf den du dich nur auszurichten brauchst, um ihn zu erleben.

Um *ihn* zu *leben*.

Er ist wie das Fundament unter dir, auf dem du sicher stehen kannst, *wenn* du dir dessen bewusstwirst.
Und das kannst du nur in einem, ja in jedem Augenblick, aber immer nur dann, wenn du deine Gedanken aus dem Gestern oder Morgen holst und sie in diesen einen Moment zurückführst, in dem es weder Vergangenheit noch Zukunft gibt.

In diesem Moment ist nur das Jetzt, das alles beinhaltet.

Achte gut auf diesen Augenblick.

- Pause

In dir wächst Liebe zu dieser inneren Weisheit, zu dem Philosophen in dir.
Du fühlst dich erholter, weiser, tiefer, und sicherer in dem, was dein Fundament ausmacht.

Und so kommst du ein wenig verändert und erneuert aus deiner Seelenwelt zurück.

Ganz langsam wirst du dir wieder des Raumes bewusst, deines Körpers, des Tages.

Du bewegst deinen Körper. Und du vertiefst deinen Atem.

Gönn dir noch ein wenig Ruhe, bevor du in deinen Alltag zurückkehrst.

Die Liebe

Mache dich bereit für eine Zeit mit dir. Du weißt, was du dafür benötigst. Versuche, liebevoll mit dir zu sein, indem du dich weder drängst noch zwingst.
Das Einzige, was wichtig ist, ist eine kleine Bereitschaft.
Die Bereitschaft, dich nur mit dir und deiner Seele beschäftigen zu wollen. Ihr zuhören zu wollen. Sie zu verstehen.
(Ende der Einleitung)

Jetzt gleich wirst du einem besonderen Teil in dir begegnen.
Er ist alles, was du bist.
Und deswegen ist es auch mehr als ein Teil.

Das Wort Anteil suggeriert, dass das Ganze aus mehreren Teilen besteht, die voneinander unabhängig sein können.
Das ist nicht so.

Es gibt etwas, das alles verbindet und allem zugrunde liegt.

Vielleicht tust du dich schwer zu glauben, dass alles nur Liebe ist. Dass du überall nur Liebe sehen könntest. Gerade dann, wenn dir Unfrieden, Zerstörung, Gewalt, Krieg, Krankheit oder auch Tod begegnen, kannst du wahrscheinlich überhaupt nicht nachvollziehen, was das alles mit Liebe zu tun haben sollte.

Mit diesem Zweifel bist du sicher nicht allein.

Und trotzdem oder vielleicht gerade deswegen lässt du dich ein auf diese Meditation und den Weg in dein Seelen-Zuhause.

Vielleicht atmest du bereits jetzt einmal tief durch.

Wahrscheinlich brauchst du mehrere bewusste tiefe Atemzüge.

Vor allem die Ausatmung darfst du jetzt ganz langziehen, so lang in die Länge ziehen, bis deine Lungen ganz leer sind. Bis du das Gefühl hast, dass es leerer nicht werden kann.

Dann ist es gut.

Versuche, diesen leeren Zustand einen Moment zu halten.
Diese Leere zu spüren.

Und dann saugst du die Luft wieder in deine Lungen ein, so als wenn sich ein Vakuum füllen möchte.
Wie Hochgenuss fühlt es sich an, dieses Einatmen nach der Leere.
Bleibe bei diesem verlangsamten Atemrhythmus für eine kleine lange Weile.

Bis du ganz angekommen bist in dir.

- Pause

Und schon sind erste Bilder vor deinem inneren Auge erschienen. Es sind Situationen aus deinem Alltag, vielleicht von heute. Dinge, die dich beschäftigt haben und auch immer noch beschäftigen, weil sie ungelöst sind.
Erforsche deinen Geist sogar nach solchen Geschehnissen, über die du lieblose Gedanken hast, oder nach Personen, die dich gekränkt haben.

Eine von diesen Situationen wählst du aus.
Lass dir Zeit, wenn du Zeit dafür benötigst.

- kleine Pause

Schaue dir diese Angelegenheit genau an, auch die Gefühle, die sich in dir regen, sowie die Gedanken, die sich dazu zeigen.

Versuche, sie genau zu identifizieren.

Nimm wahr, wie ängstlich oder sorgenvoll die Gedanken von dir sind und was sie dir genau sagen.

In der Regel ist es so etwas wie: „Ich habe Angst davor, dass…“, oder „Ich möchte diese Situation anders haben“, oder „Ich lehne diese Person ab“ oder „Hätte ich oder könnte ich doch nur dies oder das“.
Kannst du solche oder ähnliche Gedanken in dir finden?

Nimm wahr, was sie auslösen, wie es dir geht mit diesen Gedanken und den dazugehörigen Gefühlen.

Versuche dann, dich ein wenig von dieser Intensität zu lösen, als wenn du Abstand nimmst von der Betrachtung der genauen Analyse.

Und öffne dich jetzt für folgende Frage:

Was würde die Liebe dir in dieser Situation raten?

Nimm wahr, was diese Frage in dir auslöst.

Vielleicht ist es ein Gefühl von Ratlosigkeit oder von Leere, weil du zu dieser Frage erst einmal keine Antwort spüren kannst.

Bleibe bei dieser Leere.

Registriere auch, wenn du dich mit anderen Gedanken abzulenken versuchst, und kehre dann zurück zu der Frage:

Was würde die Liebe dir in dieser Situation raten?
Was würde sie tun?

Vielleicht erreicht dich jetzt ein warmes Gefühl in deinem Körper, das du noch gar nicht genau lokalisieren kannst. Irgendwie ist es überall und löst eine Welle von Entspanntheit aus.

Lass es zu, auch wenn es sein kann, dass du Widerstand spürst.

Wenn Liebe eine Person wäre, wie würde sie sich verhalten?

Du beginnst, dir diese Person mit dem Namen Liebe vorzustellen.

Es muss kein genaues Bild sein, wenn du damit Schwierigkeiten hast, es ist sogar viel leichter, sich nur auf die Augen zu konzentrieren, auf die Art und Weise, wie diese Person schauen würde.

Auch ist bedeutsam, welche Ausstrahlung diese Person mit dem Namen Liebe haben würde.

Gib alles, was du mit Liebe verbindest, in deine Vorstellung hinein. Nimm dir Zeit.

- kleine Pause

Wie fühlst du dich in Anwesenheit dieses Menschen, der den Namen Liebe trägt?

Vielleicht ist das warme Gefühl in dir stärker geworden, und du fühlst dich noch entspannter und geborgener.
Du fühlst dich wohl. Und du darfst dich wohlfühlen. Spüre es!

Gehe ganz hinein in dieses Wohlgefühl.

Lass dich anschauen von dem Menschen mit dem Namen Liebe und spüre, was der Blick dieses Menschen in dir auslöst.
Und lass dich wirklich ein!

Dann entscheidest du dich, neben diese Person, die Liebe heißt, zu treten und Seite an Seite mit ihr zu stehen. Vielleicht magst du ihre Hand nehmen, aber es muss nicht sein. Auf jeden Fall steht ihr jetzt nebeneinander und schaut in eine Richtung. Ihr schaut gemeinsam auf die Situation von eben.

Wie schaust du jetzt darauf, mit der Liebe an deiner Seite?

Hat sich etwas verändert?

Was rät die Liebe dir?

Nimm genau wahr, was sich jetzt in dir zeigt. Vielleicht ist es gar nicht viel, weil die Situation ja ist, wie sie ist, aber wahrscheinlich ist etwas dazu gekommen, als wenn diese Situation in warmes Licht getaucht wurde.

Vielleicht stehst du mit mehr Abstand zu ihr, vielleicht mit mehr Nähe. Und egal, wie genau es bei dir aussieht, es führt dazu, dass du diese Situation etwas mehr annehmen kannst, so, wie sie ist. Der Impuls, sie anders oder ganz weg haben zu wollen, ist nicht mehr so stark spürbar. Kannst du das feststellen?
Und vielleicht bemerkst du sogar, dass du selbst mit mehr Liebe auf diese Angelegenheit schaust.

Was rät die Liebe dir?

Höre genau hin und spüre nach, was sich dir in den nächsten Minuten offenbart.

Bleibe ganz aufmerksam mit der Liebe an deiner Seite.

- Pause

Und vielleicht nimmst du wahr, dass du dich und die Liebe an deiner Seite gar nicht mehr so richtig auseinanderhalten kannst, dass ihr näher aneinandergerückt, ja fast verschmolzen seid.

Sie hat dir etwas gegeben, was auch schon vorher in dir war.

Du hast den Blick der Liebe übernommen, einfach so. Als wenn ein neuer Filter vor deine Wahrnehmung getreten ist, der wie eine Brille wirkt.
Und mit dieser Brille bist du in der Lage, mit Wohlwollen und Zugewandtheit auf Dinge in deinem Leben zu schauen. Sie anzunehmen, wie sie sind. Ohne Kampf, ohne Abwehr, ohne Widerstand.

Mit diesem Blick wirst du Ereignisse, die in der Welt passieren, nicht ändern und auch nicht schönreden, aber du wirst sie geschehen lassen können. Ein Umgang mit ihnen wird sich einstellen, wenn du mit der Liebe in dir auf alles schaust, was geschieht.

Und vielleicht bist du dir dessen ein klein wenig sicherer geworden.

- Pause

Löse dich erst dann von diesen Bildern und den Gefühlen, wenn du es möchtest.

Alle Erkenntnisse, die du gesammelt hast, nimmst du mit.

Du verlässt dein Seelen-Zuhause wie gewohnt und mit dem Ritual, das dir vertraut ist.

Komme in deinem Tempo zurück in deinen Alltag.

Kapitel 2:

Seelenreisen - Lebenserinnerungen

Lebensstufen

Wie für ein letztes Mal machst du dich bereit für eine Zeit mit dir.

Ein letztes Mal, weil schon Gewohnheit eingetreten und es fast natürlich für dich ist, diese Zeit mit dir regelmäßig zu verbringen. Du bist mit dir, und du lebst mit dir, du hast dich dabei, in deinem Leben, auch wenn du dich manchmal vergisst und dich für eine Weile mit einem Thema oder Gedanken identifizierst.

Aber diese Weile dauert nicht mehr so lange, das ist dir bereits klar. Und sobald es dir bewusstwird, löst du dich aus dieser Identifikation und betrachtest aus der Beobachterrolle, was da grad vor sich geht in deinem Inneren.

JA, du bist bei dir, und du schenkst dir auch im Alltag ganz bewusst Aufmerksamkeit. Und das heißt nicht, dass es dir immer gut geht und du nur noch Gefühle von „himmelhochjauchzend" hast. So ist es vielleicht nicht. Aber das, was du fühlst, fühlst du intensiv, weil du alle Gefühle einlädst.
Und immer öfter gelingt es dir, in dieser Rolle des Beobachters zu verweilen, und *sie* lässt dich sicher fühlen mit dir.

Es macht dir sogar Freude, alles zu beobachten, was in dir ist, es lässt dich irgendwie ganz fühlen.
Vollständig sein.

Und dieses Vollständig Sein findest du in dir. Deswegen freust du dich auch immer wieder, die Stufen hin zu deinem Seelen-Inneren zu gehen.
Dieses Hinabgleiten ist ein fester Bestandteil deines Lebens geworden, und du kannst es sicher auch zwischendurch schon für eine kleine Weile praktizieren, immer so lang, bis du dich besser und entspannter fühlst.

So wie jetzt.
Ganz achtsam gehst du die Stufen hinab, hin zu der Tür, die die Aufschrift „Dein Zuhause“ trägt.
Du gehst gerne hinein, hindurch, und schließt die Tür wieder hinter dir.
(Ende der Einleitung)

Du atmest einmal tief ein und aus, du atmest sogar richtig durch, als wenn du dein ganzes Körpersystem mit Energie und Wohlgefühl durchfluten willst.

Völlig entspannt fühlst du dich und lässt dich führen in deinem Zuhause. Dein Zuhause wirkt so vertraut. *Es* führt dich, gar nichts musst du dabei tun. Das Wahrnehmen geschieht wie von selbst. Und auch, wenn es immer wieder wie neu aussieht in deinem Zuhause, bleibt das vertraute Gefühl beständig bei dir. Es ist eben so, wie es ist, wenn du dich wirklich zuhause fühlst.

Und du bemerkst, wie eine Berg- Landschaft um dich herum entsteht.
Der Weg, auf dem du gehst, ist schmal, und er führt auf einem geschwungenen Pfad nach oben.
Zarte Pflanzen säumen den Weg. Noch verhindern Bäume einen weiteren Blick, aber das stört dich nicht, du genießt es, einfach dem Weg in den Bergen zu folgen.

Nach einem kurzen Anstieg eröffnet sich dir eine atemberaubende Aussicht.
Du siehst ein großes weites Tal vor dir, im Hintergrund die Berge, die mit ihren Gipfeln bis zur Sonne reichen, und ein tief blauer Himmel rundet das malerische Bild für dich ab.

Fasziniert betrachtest du diesen Ausblick.

Erst ein wenig später fällt dir auf, dass du auf einem Podest stehst, von dem aus du diese Aussicht genießen kannst.
Zu diesem Podest haben Stufen geführt.
Auch diese nimmst du erst jetzt wahr.

Wenn du nach oben schaust, kannst du weitere Stufen entdecken, die dich zum Gipfel des Berges führen.
Und du siehst noch etwas:
Wie eingemeißelt stehen auf jeder Treppenstufe zwei Wörter.
Die Schrift ist geschwungen und klar, du musst dich nur ein wenig bücken, um sie lesen zu können.
Dort steht geschrieben:

Deine LEBENSSTUFEN

Jetzt erst erkennst du, dass die einzelnen Stufen sehr unterschiedlich aussehen. Jede hat ihre eigene Größe, ihre eigene Farbe, ihre eigene Beschaffenheit.
Noch ist dir nicht klar, was es zu bedeuten hat.

Du lässt deinen Blick schweifen, und er zieht dich an den Beginn deiner Lebensstufen, nach ganz unten an den Fuß des Berges, auf dem du stehst.
Alle kannst du nicht sehen, aber du kannst erkennen, wo die Stufen deines Lebens beginnen. Der Tag, an dem du geboren wurdest.
Du selbst hast keine Erinnerung daran, aber Vieles hast du gehört, von deinen Eltern, deinen Verwandten, deinen Großeltern.

Und du lässt dich hinabsinken in die Welt deiner Erinnerung.

Wie hast *du* dein Leben auf der Erde begonnen?

- Pause

Nach einer Weile zieht es dich weiter auf deiner inneren Reise über die Stufen deines Lebens.
Einige Stufen sehen so aus, als wenn du sie leicht erklimmen konntest, und andere so, als wenn du länger auf ihnen verweilt hättest.

Welche ist die erste, die dir ins Auge springt, für die du vielleicht mehr Zeit brauchtest, um sie zu bewältigen?
Und wie alt warst du damals?
Was genau ist da passiert?

Was hast du daraus gelernt? Und du hast etwas gelernt, denn ansonsten wärest du diese Stufe nicht hinaufgekommen.

- Pause

Dann fällt dein Blick auf eine Stufe, die eher kleiner aussieht. Sie ist dir im ersten Moment gar nicht aufgefallen, eben weil sie damals wohl leichter zu erklimmen war. Diese Stufe strahlt Leichtigkeit aus, und wenn du genau hinschaust, siehst du sogar kleine Blumenmuster auf ihr. Dieses lieblich-blumige Bild lässt dich erinnern an eine besonders schöne Zeit in deinem Leben.

Du bist glücklich, dass du dich jetzt daran zurückerinnern darfst. Denn durch diese Erinnerung wächst in dir ein Gefühl von Dankbarkeit darüber, dass du genau das, was diese Zeit ausmachte, erleben und erfahren durftest.

Bleibe für eine Weile in diesem In-Erinnerung-Schwelgen.

- Pause

Und so folgst du in deinem Tempo und auf deine ganz eigene Weise deinem Lebensweg auf deinen Lebensstufen.

Du betrachtest die Phasen in deinem Leben, in denen du es leicht und einfach hattest, und dir begegnen die Momente, in denen du Schwierigkeiten hattest, dein Leben zu meistern.
Vielleicht hattest du damals Misserfolge, vielleicht traurige Erfahrungen und sogar Einschnitte in deinem Leben, die dich für immer geprägt haben.
Diese besonderen Erlebnisse erkennst du deutlich an der Beschaffenheit deiner Lebensstufen.

Und du nimmst dir Zeit, deinen Weg noch einmal und in Ruhe Revue passieren zu lassen.

Bis du auf deinem Podest wieder angekommen bist.

- Pause

Irgendwie verändert stehst du jetzt hier. Als wenn du mehr du selbst geworden bist. Eine ganz neue Stabilität für dich gewonnen hast.

Und wieder lässt du deinen Blick schweifen.
Was für eine Aussicht!

Was für eine Schönheit sich dir offenbart.

Während du die Bergwelt genießt, bleibt dein Blick irgendwann ganz oben an dem Berggipfel hängen. An dem Punkt, an dem deine Lebensstufen enden.

Genau kannst du die letzte Stufe nicht sehen, denn sie ist verschleiert durch leichte weiße Wolken, die am blauen Himmel entlang ziehen. Auch, wie lang der Weg dorthin ist, ist für dich nicht sichtbar.

Aber du kannst erahnen, dass es noch einige Stufen für dich zu erklimmen gibt. Einige sind größer, andere kleiner und niedriger. Einige scheinen ganz leicht zu sein, andere vielleicht ein bisschen schwerer.
All dies kannst du noch nicht genau wissen.

Was du aber weißt, ist, dass du es bis zu diesem Punkt geschafft hast. Und wie du dich mit all deinen bisherigen Erfahrungen jetzt fühlst.

Du versuchst dir vorzustellen, was die vor die liegenden Stufen für dich bereithalten.
Und du gehst deinen Gefühlen nach:

Was empfindest du, wenn du die Stufen vor dir siehst?

Bist du neugierig oder eher vorsichtig?

Vielleicht ein wenig ängstlich sogar?

Oder eher voller Tatendrang und Optimismus?

Eins ist dir klar: Du stehst ganz sicher auf deinem Podest, und dieses Podest hast *du* dir geschaffen mit den Lebenserfahrungen, die du bis hierher gesammelt hast. Es ist dein eigenes, ganz individuelles Lebenspodest, von dem du weiter gehen wirst, wenn der Zeitpunkt gekommen ist.

Mit dieser Sicherheit im Rücken lässt du dich auf eine Bank sinken, die hinter dir erschienen ist.
Wahrscheinlich war sie die ganze Zeit da, nur hast du sie noch nicht gesehen.
Sie lädt dich ein, für eine Weile auszuruhen. Zu verweilen mit dem Blick auf das, was gewesen ist, und dem, was noch kommen wird.

- Pause

Und vielleicht magst du es wagen, in Gedanken nach ganz oben auf deine letzte Stufe zu wandern und von ihr aus nach unten zu schauen, dorthin, wo du jetzt sitzt, auf der Bank, auf deinem mittleren Podest.

Ganz oben auf der letzten Stufe wird dein jetziges Leben zu Ende sein, dann weißt du um jede einzelne Stufe deines Lebens, jede Stufe, die nach dem Podest bis ganz oben noch folgen wird.

Dort oben wirst du friedlich sein, du wirst dich erfüllt fühlen, irgendwie ahnst du es jetzt schon.
Und du nutzt jetzt diesen kleinen Moment, um mit dir dort oben in Dialog zu treten.

Welchen Rat, welche Worte würdest *du* von dort oben *dir* jetzt geben wollen? *Dir*, der auf dem mittleren Podest sitzt.

- Pause

Dann schließt sich die Pforte deiner Verbindung für den jetzigen Augenblick. Und es ist gut so.

Alles, was wichtig ist, hast du erfahren.

Erst nach einer längeren Weile kehrst du zurück von dem Berg mit deinen Lebensstufen, und wie von selbst hat es dich zu der Tür gebracht, die die Aufschrift deines Zuhauses trägt.

Du atmest einmal durch.

Dann entscheidest du dich ganz bewusst, die Tür zu öffnen und hindurchzugehen.

Und nachdem du sie wieder hinter dir geschlossen hast, kommst du in deinem Tempo und mit Achtsamkeit wieder zurück, in diese Zeit, in diesen Raum. Nimm dir Zeit dafür.

In Armen gehalten

Dieses Mal hörst du Musik in deinen Ohren. Plötzlich ist sie da, tief und sanft zugleich, und sie lässt dich ganz leicht in die Entspannung gleiten.

Auf den Schwingen der Musik schwebst du ohne eigenes Zutun in deine innere Welt der Seelenbilder.
Und dieses Hinabgleiten ist fast vergleichbar mit einem Tag, der sich dem Ende neigt. Die Sonne steigt langsam am westlichen Horizont hinab, und den Himmel lässt sie in blauen und orangegelben Farben zurück.

Nach und nach zieht Dunkelheit über den Tageshimmel.

Im Osten geht dagegen langsam der Vollmond auf. So majestätisch sieht er aus, wenn er nach und nach in seiner ganzen Größe am Horizont hinaufsteigt. Er ist so nah in diesem Moment.

Und so wie die Sonne den Tag in die Vollmondnacht entlässt, verabschiedest du dich in deinem Tempo von den Ereignissen deines Tages, all den Problemen vielleicht, die du lösen musstest oder die vielleicht auch noch ungelöst zurückbleiben.

Nach all der Aktivität beginnt jetzt eine Zeit des Innehaltens, des Zur-Ruhe-Kommens. Sie ist wichtig, damit du Kraft schöpfen und dich erholen kannst. Deiner Seele Zeit geben kannst, mit dir zusammen alle Erfahrungen zu verarbeiten.
(Ende der Einleitung)

Du öffnest dich wie der Vollmond der Nacht deinen inneren Seelenbildern.
Und du lässt dich ein auf diese ersten Bilder des aufgehenden Mondes.

Zu der sanften Musik in deinen Ohren gesellt sich dein regelmäßiger und tiefer Atemrhythmus.
Du atmest tief ein und aus, ohne dass du dich anstrengen musst.
Du richtest einfach deine Aufmerksamkeit auf deine Atmung aus.
Es tut dir gut.

Mit jedem Atemzug lässt du dich tiefer fallen in deine innere Welt, und es sind nicht nur Bilder, die aufsteigen.
Es steigt ein intensives Gefühl von Verbundenheit in dir auf.
Verbundenheit zum Mond, zum Leben, zu dir, vielleicht zur Schöpfung an sich.

Vermutlich magst du es gar nicht in Worten ausdrücken, zählt doch vielmehr die Tiefe, die du jetzt fühlst.

Und gleichzeitig ist diese Tiefe so leicht. Du bist leicht, denn du fühlst dich schwebend leicht, als wenn du getragen wirst von den Schwingen der Musik und den Bildern des Vollmondes.

Im Takt mit deiner Atmung und der Musik in deinen Ohren siehst du den Vollmond jetzt direkt vor dir. Gerade geht er am Nachthimmel auf, und du kannst die unterschiedlichen Licht- und Farbschattierungen auf ihm sehen.

Du schaust ihn an, und gleichzeitig lässt du dich immer tiefer in ihn hineinziehen.

Immer tiefer sinkst du.

Du kannst deine eigenen Grenzen und die des Mondes nicht mehr trennen.
Und es ist, als wenn du im Mond versinkst wie in einem weichen flauschigen Kissen.
Nirgendwo ist dieses Kissen zu Ende, es umhüllt dich, und es wiegt dich. Nichts musst du tun.

Irgendwie fühlt es sich wie Schaukeln an, ganz sanft, als wenn du in den Schlaf geschaukelt wirst.
Und du lässt dich schaukeln, sogar hin und her wiegen lässt du dich.

Und immer weiter sinkst du in deine mondgleiche Seelenlandschaft hinein.

Du erinnerst dich an Momente aus deiner Kindheit, in denen du dich danach gesehnt hast, auf diese Art getragen zu werden.
Ein klein wenig melancholisch wirst du, wenn du dich daran erinnerst.

So hätte es sich anfühlen sollen, und vielleicht warst du damals traurig, ohne dass du hättest sagen können, dass du traurig bist.

Du hast dich gesehnt nach dem Gefühl, das du jetzt hast:

Sich einfach nur geborgen fühlen, aufgefangen, getragen von starken Armen, die sanft zugleich sind, die alles sein lassen, was du gerade mitbringst.
Die *Dich* so lange halten, bis deine Gefühle weniger intensiv werden, weil sie *da* sein dürfen. Bis sich die Wellen an Aufregung oder Erregung in dir beruhigt haben. Bis du dich sicher gefühlt hast.
Und vielleicht bis zu dem Zeitpunkt, an dem du einfach voller Seelenfrieden eingeschlafen bist. Eingeschlafen in dem Wissen, dass du beschützt in den Armen eines liebenden Menschen liegst. Eines Menschen, dem du abgrundtief vertrauen kannst.
Einem Menschen, der dich lässt, wie du bist.

So wie jetzt, in deinem Mondkissen.

Reines Genießen bist du, unendliches Wohlgefühl.

Und diese reine Geborgenheit, dieses Gefühl, unendlich geliebt zu sein, lässt du jetzt einfließen in die Situationen deiner Kindheit oder die deiner Vergangenheit, in denen du dir genau das gewünscht hast.

Mit einem weichen Kissen voller Liebe hüllst du dich ein.
Du schenkst dir jetzt das, was dir damals fehlte.

Lass dir Zeit dabei, und beschenke jede Situation der Bedürftigkeit mit diesem warmen umhüllenden Kissen der Geborgenheit.

Rufe diese Momente vor dein inneres Auge, und hülle sie ein mit dem, was jetzt da ist.

Reines Wohl-Gefühl.

Unendliche Geborgenheit.

Bedingungslose Liebe.

Heile die Gefühle von Mangel. Jetzt kannst du es selbst.

Du kannst dir geben, was du brauchst.

Du hältst dich selbst in starken Armen.

- Pause

Dann löse dich langsam aus diesen deinen Seelenbildern und nimm wieder die Melodie in deinem Ohr wahr, um dich nach und nach von deinem Vollmond-Kissen zu verabschieden.

Nimm mit, was du mitnehmen möchtest. Vielleicht ist es die Fähigkeit, dich immer wieder selbst mit Geborgenheit und unendlicher Liebe zu beschenken.

Und dann verabschiedest du dich ganz.

Vertiefe bewusst deinen Atem, werde dir deines Körpers bewusst, und komme in deinem Tempo wieder zurück, in den Raum, in diese Zeit.
Spüre nach und beginne deinen Alltag erst, wenn du dich bereit dazu fühlst.

Das Licht

Beginne bereits jetzt, dich wohl zu fühlen.

Entscheide dich, dir eine Zeit und eine Gelegenheit zu schenken, ganz eins zu sein mit dem, was ist.

Du setzt oder legst dich so hin, dass du bequem in deine Unterlage sinken kannst, dass du alle Muskeln entspannen und loslassen kannst.

Und dafür gehst du einmal ganz bewusst deinen Körper durch, von unten, den Zehenspitzen angefangen bis nach oben hin zur Schädeldecke. Du überprüfst, ob alle Muskeln sich wohl fühlen und ob sie wissen, dass sie in diesem Moment keine Aufgabe zu erledigen haben.

Signalisiere ihnen in Gedanken, dass alles gut ist, dass keine Gefahr lauert, dass kein Aufspringen nötig ist.
Prüfe auch, ob deine Zunge locker im Mundraum liegt, ob der Unterkiefer entspannt ist und deine Augen ganz tief in die Augenhöhlen sinken können.

Atme ganz bewusst tief ein und aus, möglichst in den Bauch hinein, so dass deine Bauchdecke sich hebt und senkt. Und mit jeder Ausatmung lässt du dich tiefer gleiten in eine Entspannung, die dich wohl und sicher fühlen lässt.

Beides verstärkt sich, das Gefühl von Geborgenheit und Sicherheit lässt dich immer weiter entspannen, und dein Gefühl von Entspanntheit lässt dich immer sicherer und geborgener fühlen.

Wieder atmest du tief ein und aus, und du merkst, dass du es immer mehr genießen kannst, weit hinab in die Entspannung zu

gleiten. Es ist ein Gleiten, das dich wie von selbst in deine innere Seelenbilderwelt führt.
(Ende der Einleitung)

Du findest dich wieder auf einem bequemen Kissen ruhend, das auf einem kleinen Wagon liegt. Und du gleitest ganz langsam auf Schienen hinab, fast so, als wenn du von einem Berg hinunterfährst und es dabei immer stiller und dunkler wird.

Die Stille wirkt sehr friedlich auf dich.
Sie gibt dir Sicherheit.

Auch das Dunkle macht dir keine Angst, obwohl es dir vielleicht im ersten Moment nicht ganz geheuer sein kann. Im Dunkeln weißt du oft nicht, was dich erwartet. Du brauchst Vertrauen, um dich ins Dunkle zu wagen. Und du spürst, dass du dieses Vertrauen haben darfst. Denn es fühlt sich an, als wenn das Kissen, auf dem du liegst, Vertrauen heißt.

So lässt du dich weiter gleiten, in das Dunkle auf deinem Weg.

Du erreichst den Fuß des Berges, und der nun kommende Abschnitt des Weges führt durch einen Tunnel und direkt in einen neuen Berg hinein.

Du hältst kurz inne und spürst nach, wie es dir jetzt geht in dem Wissen, dass der Weg in das tiefe Dunkle des Berges führen wird. Sei ehrlich mit dir, gestatte dir, auch solche Gefühle wahrzunehmen wie Angst, Abwehr oder den Wunsch, deine Fahrt beenden zu wollen. Alles darf sein.

Und dann bemerkst du einen Gegenstand in deiner linken Hand.

Bisher hast du ihn nicht wahrgenommen, deswegen wunderst du dich vielleicht ein wenig.
Du fühlst genau hin und dann weißt du:

Es ist eine Kerze, die in deiner Hand liegt.

Sie hat eine angenehme Größe, so dass sie perfekt in deine Hand passt und du sie gleichzeitig auch gut umfassen kannst.
Und wie zufällig entdeckst du in deiner anderen Hand ein kleines Feuerzeug, und die Frage, wie du die Kerze entzünden solltest, hat sich beantwortet, bevor sie sich gestellt hat.

Dann verlangsamt sich das ohnehin schon gemächliche Tempo deines Wagons kurz vor dem Beginn des Tunnels.
Und obwohl es dunkel ist, kannst du eine kleine Inschrift erkennen, die direkt über dem Eingang geschrieben steht:

Vertrauen lässt nicht los, wenn der Weg steinig wird!

Und noch einmal verlangsamt der kleine Kissen-Wagon das Tempo, als wenn er dir Zeit geben möchte, dich zu entscheiden.

Du darfst hier deinen Weg beenden, vorläufig zumindest.

Du darfst dir erlauben, hier, vor dem Berg zu warten, vielleicht auch, einen anderen Weg zu gehen, der über den Berg entlangführt. Alles darf sein.

Nimm dir deine Zeit, um sicher zu werden, ob du tiefer in das Berg-Innere geleitet werden möchtest und du es dir zutraust. Du weißt schließlich noch nicht, wo und wann der Tunnel zu Ende ist.

Du umfasst die Kerze in deiner Hand noch fester, um sicher zu sein, dass du jederzeit das Licht entzünden kannst. Und es ist, als wenn die Kerze in deiner Hand zu sprechen beginnt. Eine leise, zarte Stimme sagt zu dir:

„Wann immer du denkst, dass die Dunkelheit dich zu überwältigen droht, entzünde das Licht in deiner Hand".

Du entscheidest dich. Und dein Kissenwagen setzt sich wieder in Bewegung.

Immer tiefer geleitet dich dein Wagen in das Dunkle des Berges.

Hier ist es egal, ob du deine Augen öffnen würdest, weil du außer dieser Dunkelheit nichts siehst. Kein Lichtschein ist zu erkennen, nur tiefe Dunkelheit.

Alle deine Antennen sind auf Empfang gestellt, du bist aufmerksam.
Du riechst die feuchte Luft, sie wirkt sehr rein. Und wie frisches Wasser lässt du diese reine, klare Luft in deine Lungen atmen. Es ist, als wenn sich das Reine und Frische in dir ausbreitet, dich befüllt, und gleichzeitig eine tiefe Dunkelheit dich von außen umhüllt.

Langsam rollt dein kleiner Waggon weiter auf seinem Weg und vielleicht erinnerst du dich an Situationen aus deinem Leben, die zu dieser Dunkelheit passen.
Vielleicht hast du dich in diesen Momenten nicht so geborgen gefühlt, wie jetzt auf deinem Kissen auf dem kleinen Wagen, und vielleicht warst du ganz schrecklich einsam, allein und hilflos.
Vielleicht hast du dich sogar nach dem Sinn deines Lebens gefragt.

Nimm dir eine kleine Weile, um deine Erinnerungen in dein Bewusstsein kommen zu lassen.

Und denke an die Kerze in deiner Hand!

- Pause

Dann bist du am tiefsten Punkt der Dunkelheit angekommen.

Du spürst es einfach.

Wo auch immer du dich jetzt in deiner Erinnerung aufhältst, du weißt, dunkler kann es nicht werden.

Und plötzlich möchtest du die Kerze anzünden, als wenn du dir selbst die Bestätigung geben möchtest, dass jetzt die tiefste Dunkelheit erreicht ist.

Du nimmst dein Feuerzeug und entzündest deine Kerze.

Ein kleines Licht in der Dunkelheit.

Sofort ist es nicht mehr dunkel.

Ein kleines Licht erhellt die ganze Dunkelheit. Und wenn du genau hin fühlst, erwärmt es sogar ein klein wenig dein Gesicht.

Und dann siehst du plötzlich ein zweites Licht.
Es ist weit weg und sieht aus wie ein kleiner Punkt.

Von diesem Punkt gehen Strahlen aus, die bei näherer Betrachtung immer größer werden. Und du bemerkst, dass dein Wagen dich immer weiter auf diesen zweiten Lichtpunkt zuführt.

Und dann erkennst du: Es ist das Licht, das das Ende des Tunnels anzeigt. Dort führt dein Weg aus dem Tunnel heraus.

Du hältst deine Kerze besonders fest in deiner Hand.

Fühl mal, wie es dir jetzt geht!
Vielleicht bist du überwältig, vielleicht auch aufgeregt, vielleicht dankbar, weil du weißt, dass du das Schlimmste, die dunkelste Dunkelheit, hinter dir hast; dass du durch sie hindurch gegangen bist.

Und dann kommst du diesem zweiten Lichtpunkt immer näher, und der Abstand zwischen deiner Kerze und dem Licht am Ende des Tunnels wird kleiner und kleiner, kleiner und kleiner.
Und es geschieht etwas, womit du nicht gerechnet hast:

Die Kerze und das Licht am Ende des Tunnels werden eins.

Das Licht am Ende des Tunnels ist die Kerze in deiner Hand.

- Pause

Das Tageslicht blendet deine Augen, als du am Ende des Tunnels angekommen bist.

Der Wagon hält.

Du schaust dich um.

Im Rückblick sieht der Tunnel gar nicht mehr so dunkel aus.
Und als du so hinein und zurück schaust, führt dich dein Blick auf eine weitere Inschrift, die über dem Ausgang des Tunnels eingraviert ist:

Das Licht ist in dir! Du bist das Licht!

Diese Erkenntnis erreicht dich zutiefst. Sie *trifft* dich. Denn *DU* triffst *dich*.
Es ist wie eine Begegnung, ein Blick in den eigenen Spiegel.

Du begegnest dir selbst.

Du lässt den Tunnel hinter dir. Er ist bedeutungslos geworden.

Vor dir eröffnet sich eine wunderschöne Landschaft mit einer Weite, die alle Möglichkeiten enthält.
Welche du wählst, liegt an dir.

Spüre eine Weile nach, und wenn du magst, schau dir das Leben an, was sich *dir* vor *dir* offenbart.

- Pause

Komme dann in deinem Tempo zurück in diese Zeit, in dieses Jetzt, und nimm an Erkenntnis mit, was mitgenommen werden möchte.

Beginne, deinen Körper wahrzunehmen, die Atmung zu vertiefen, und dann tue die Bewegung, die dir jetzt guttut, vielleicht eine, die dein Körper anfordert, um wieder ganz im Alltag anzukommen.

Das Karussell

Ganz bewusst entscheidest du dich, die folgende Zeit dir selbst zu widmen.
Nur für dich.
Nur mit dir.

Und du erinnerst dich vielleicht, dass es noch nicht *so* lange her ist, dass es für dich undenkbar war, dir eine Auszeit zu nehmen. Dir zu gönnen, nichts zu tun, und nur auszuruhen, zu liegen, zu entspannen, und dabei voll und ganz in dich hinabzugleiten, in dein Inneres, dabei ruhig zu werden, dich nach und nach immer friedlicher zu fühlen, bis es ein „*sich ganz fühlen*“ wird.

Wie oft dreht sich dein Leben in immer schneller werdenden Kreisläufen, und wie oft fragst du dich, ob du dein Ziel irgendwann erreichen wirst.
Du rennst und rennst, manchmal scheint das Ziel recht nah, fast greifbar nah, und dann ist es wieder in unerreichbare Ferne gerückt, ohne dass du dir erklären kannst, wie das passieren konnte. Und trotz solch frustrierender Momente machst du oft nach kurzer Pause weiter, strengst dich an, weil du ankommen willst an dem Zielpunkt, den du dir gesetzt hast.

Jetzt ist es anders, du gönnst dir bewusst diese Pause und rennst nicht weiter.
Du bleibst stehen, auch innerlich.

Du hast dich entschieden, einfach und für einen Moment nicht weiter zu machen, nicht weiter zu rennen, sondern zur Ruhe zu kommen.

Es ist, als wenn du eine Münze umgedreht hast:
Auf der einen Seite steht aktiv sein, Ziele erreichen, Anstrengen, Weitermachen.

Auf der anderen Seite steht Ausruhen, passiv sein, Kraft schöpfen, Entspannen, Loslassen.
Für diese Seite hast du dich jetzt entschieden.

Und es ist gut so.
Anfangs ist es dir vielleicht schwergefallen, aber mit der Zeit ist Gewöhnung eingetreten, ja, es ist sogar ein lieb gewordenes Ritual für dich geworden.
Einfach die Münze umzudrehen.
Auch diese Seite hat ihren Wert, und dieser Wert wird dir immer wichtiger, weil er einen Ausgleich schafft.

Du spürst diesen Ausgleich, weil du grad eben einmal tiefer ausgeatmet und vielleicht dabei ein wenig geseufzt hast. Und dabei losgelassen hast, was noch an Anspannung in deinem Körper oder in deinen Gedanken war.

Und du gleitest hinab in deine innere Seelenbilderwelt.
(Ende der Einleitung)

Dieses Mal siehst du in deiner inneren Welt einen kleinen Jahrmarkt, auf dem buntes und lebendiges Treiben herrscht.

Es riecht nach Zuckerwatte und kandierten Mandeln, du siehst rote Äpfel, Bananen mit Schokolade überzogen, Pommes, Fischbuden und einige Fahrgeschäfte.

Viele Familien sind unterwegs.
Kleine Kinder ziehen an den Händen ihrer Eltern, es scheint, als wenn sie alle ihr ganz bestimmtes Ziel haben.

Dein Blick schweift zum Kettenkarussell. Es ist nicht groß, und doch ist es das Beeindruckenste auf diesem Jahrmarkt.
Du überlegst, was dich so fasziniert.

Dir kommen Erinnerungen an früher.

Wie du dich hineingesetzt hast, in den kleinen Sitz des Karussells, den Bügel über deine Beine gezogen, dich an den Ketten

festgehalten und für einen Moment eine Hand gelöst hast, um deinen Eltern zuzuwinken.
Du warst aufgeregt, weil du wusstest, dass es gleich losgeht.

Für eine ganze Weile hattest du den Fahrchip noch in der Hand. Und so hattest du auch damals Zeit, deinen Blick in Ruhe schweifen zu lassen.

Und *das* tust *du* jetzt nochmal:

Von deinem Sitz aus hast du eine herausgehobene Position.
Gut fühlt es sich an.
Du bist gespannt, wie es sich anfühlen wird, wenn sich das Kettenkarussell zu drehen anfängt.
Die Mitte des Karussells ist bemalt mit bunten Blumen und fröhlichen Kindergesichtern, die Farben sind leicht sonnengebleicht, es scheint doch schon älter zu sein, das Karussell. Aber es passt genau zu diesem Jahrmarkt. Es ist schön, so, wie es ist.

Und dann setzt es sich in Bewegung.

Du gibst deinen Chip ab und lässt dich einfach nur hineinsinken. Die zunehmende Geschwindigkeit drückt dich tiefer in den Sitz und der Fahrtwind weht in deinen Haaren, in deinem Gesicht.

Du fühlst Leichtigkeit und Schwere zugleich.

Leicht ist es, durch die Luft zu schweben, und gleichzeitig drückt dich die Schwerkraft in deinen Sitz und immer weiter nach außen, so weit, wie es die Länge der Ketten, an denen dein Sitz hängt, zulässt.

Du schließt für einen Moment die Augen.

Und auch, wenn deine Augen geschlossen sind, spürst du die Bewegung des Karussells. Es dreht sich, immer im Kreis, immer um einen Punkt.

Die mittlere Säule mit den bunten Blumen und den fröhlichen Kindergesichtern fällt dir wieder ein und du schaust sie jetzt ganz bewusst an.
Um diese Mitte dreht sich dein Sitz.

Und immer wieder kommst du an die gleichen Stellen.
Und immer wieder dreht es sich weiter, das Karussell.

Zuerst warst du ganz unten, jetzt geht es weit hinaus nach oben.

Aber immer wieder kannst du das eine Gesicht sehen, dessen lachende Augen dich anstrahlen.
Immer wieder kommst du an dieser Stelle vorbei.
Erst warst du weiter unten und konntest diesem Kind in die Augen schauen, jetzt betrachtest du es aus einer höheren Perspektive.

Und dir fällt auf, dass die Mitte des Karussells ganz ruhig steht.
Dort bewegt sich gar nichts.
Du drehst dich um diese ruhende Mitte mit deinem Sitz, der an der Aufhängung befestigt ist.

Für einen Moment wechselst du die Perspektive:

Du schaust jetzt aus den Augen dieses einen Kindergesichtes, das an der mittleren Säule des Karussells gemalt ist.
Es schaut in eine Richtung, und immer wieder, wenn du mit deinem Sitz vorbeifliegst, kann es dich für eine kleine Weile sehen.
Und dann bist du weitergeflogen. Und immer, wenn du wieder für eine kurze Zeit zu sehen bist, dann lacht es dich an.

Du lachst *dich* an.

Du beginnst, darüber nachzudenken, und bemerkst, dass es wie im wirklichen Leben ist. Immer wieder kommst du an ähnliche Stellen, an Themen oder auch Probleme, die du bereits kennst.

Manchmal fragst du dich, warum dir das Thema wieder begegnet, wo du doch dachtest, dass es schon gelöst ist.

Dir wird klar, dass es sein kann, dass du es noch ein weiteres Mal betrachten musst, um es auf einer höheren Ebene zu lösen, zu integrieren vielleicht.

Und noch mehr wird dir bewusst:

Wenn du in deiner Mitte ruhst, begegnet dir viel, und alles vergeht wieder.

Du betrachtest das Kommen und Gehen, und du ruhst weiter in deiner Mitte.

Die Dinge kommen und sie gehen, manchmal sind es Menschen, die dir vertraut gewesen sind, die gehen, und dann sind es Menschen, die neu hinzukommen, in dein Leben;
manchmal sind es Gefühle oder Glaubenssätze, die sich verändern, manchmal verabschieden. Und andere, neue, kommen hinzu, irgendwann gehen auch sie wieder, wenn du sie gehen lassen magst.

In der Mitte zu ruhen bedeutet, all die Bewegungen des Lebens zu betrachten, und nicht mitzufahren auf dem Sitz im Karussell. Nur zu beobachten und dem zuzulächeln, was das Karussell des Lebens dir vor die Augen weht.

Mit dieser Erkenntnis lässt du dich ein weiteres Mal tiefer sinken. Es ist, als wenn du das Fliegen jetzt noch mehr genießen kannst.

Du gibst dich hin dem Flug um die Mitte deines Lebenskarussells.

- Pause

Und ganz langsam hört es auf sich zu drehen, das Karussell in deiner Seelenbilderwelt.

Du verabschiedest dich in deinem Tempo.

Du kommst zurück, in diesen Raum, in diese Zeit.

Du lässt die Bilder ziehen und nimmst an Erkenntnissen mit, was mitgenommen werden möchte.

Lass dir Zeit dafür.

Der Schleier

Wie auf Wolken gehst du dieses Mal hinab in deine innere Welt. Sie ist leicht und luftig. Und du fühlst dich sofort wohl.
(Ende der Einleitung)

Leise Klänge von Klavier und Geigen helfen dir, alles, was jetzt nicht wichtig ist, für einen Moment beiseite zu legen und ein erstes Gefühl von Entspannung entstehen zu lassen.

Und es ist noch mehr als Entspannung, es ist wie früher, als du noch Kind warst und keinen Gedanken an irgendwelche Pflichten oder Termine verschwendet hast.

Damals bist du aufgestanden und hast in den Tag gelebt, ja, du hast dich von Moment zu Moment geträumt und dich tragen lassen von dem, was der Augenblick mit dir gemacht hat.

Mit allen deinen Sinnen hast du wahrgenommen und vielleicht hast du damals tief durchgeatmet, genau wie jetzt, einfach weil du das Leben so wunderbar fandest.

Du hast die Arme ausgebreitet und bist losgelaufen, gelaufen aus Freude und nicht, weil du es eilig hattest.
Du bist stehen geblieben, aus Neugier, weil dich irgendetwas interessiert hat, vielleicht eine Blume, die am Wegesrand blühte. Und auch wenn sie ganz klein war, hat sie es geschafft, deine Aufmerksamkeit zu erregen.
Du hast dich gebückt, und du hast sie betrachtet, vielleicht hast du sie gepflückt und sie bewundert. Dann hast du plötzlich viele andere gesehen und begonnen, einen Kranz aus Blumen zu stecken.
Einfach so.

Ohne, an die Zeit zu denken, und ohne zu bewerten, was du da tust.
Und ohne dich zu fragen, ob es sinnvoll ist.

Sinn hatte es, weil du es gemacht hast. Du hast es einfach getan. Ganz im Moment.

Und diesen Moment hast du genossen, ohne zu bemerken, dass du ihn genießt. Es war normal, ganz bei dem zu sein, was du tust.

Und manchmal hast du sogar dich selbst vergessen, denn völlig selbst-vergessen hast du dort gesessen, am Wegesrand mit deinen Blumen.

Der leichte Wind war warm und hat deiner Haut geschmeichelt, die Luft hat nach Frühling gerochen. Nach Hause bist du erst gegangen, wenn dich der Hunger dorthin getrieben hat.
Leichtigkeit und Freude waren in dir, und es war selbstverständlich, dass das Leben schön war.

Wie ist es jetzt?
Was empfindest du, wenn du diese inneren Bilder siehst, wenn du die Melodie hörst, den Worten lauschst?

Fühlst du dich angenehm erinnert oder sind dir solche Bilder fremd? Vielleicht sind sie dir auch fremd geworden?

Vielleicht fragst du dich, wo dieses Leichte geblieben ist, an das du dich noch erinnern kannst.
Das du vielleicht auch nur aus Geschichten kennst und selbst nie so bewusst erlebt und gefühlt hast.

Wie auch immer es jetzt bei dir ist, nimm wahr, wie es sich anfühlt, wenn du dir vorstellst, in dieser Leichtigkeit zu sein.

Da zu sein. Einfach nur reines Sein zu leben.

Kommt Wehmut auf? Traurigkeit?

Oder eine schöne Rück-Erinnerung?

Ist es Freude?

Dankbarkeit?

Vielleicht empfindest du auch so etwas wie Trennung, Trennung zwischen Schein und Sein, zwischen notwendigem Realismus und Träumerei, zwischen wirklichem Leben und Märchen.

Vielleicht ist es wie ein Bild mit zwei Hälften.
Die eine Hälfte ist rosarot, und die andere ist ein grau in grau oder eine mit tiefen Farben.

Wie auch immer: gib deinen Empfindungen und Bildern Raum.

Und dann öffne dich, wenn du magst, für folgende Fragen:

Wie wäre es, wenn du dir sagen würdest, es kann immer so leicht sein, wenn du dich dafür entscheidest?

Wenn du einfach nur sagen würdest:

„JA, ich lebe mein Leben voll und ganz und erkenne es an. Mein Leben, mit allem, was dazu gehört, mit Freud und Leid, mit Glück und Traurigkeit, mit Schmerz und Erfolg, mit Neuanfang und Abschied."

Wie wäre es, wenn du einfach nur JA zu dir selbst sagen würdest?
Ja zu allem, was dich ausmacht; zu allen Erfahrungen.

Und wie wäre es, wenn du zu jedem Moment Ja sagst, auch wenn er etwas beinhaltet, was du eigentlich als negativ bewerten würdest?

Vielleicht nennst du es Träumerei, vielleicht auch so etwas wie fern ab von allem, was realistisch ist.

Aber was wäre, wenn dieses Leichte, Fröhliche, Kindliche, Freie und Friedliche Realität wäre und alles andere ein Traum?

Wenn du dich abends in dein Bett legen würdest und dich darauf freust, dass der Tag-Traum zu Ende geht und du endlich im Schlaf aufwachst und das wirkliche Leben beginnt? So, wie du es dir vorstellst?
Und du morgens aufwachst und nicht denkst, was für ein schöner Traum, sondern, was für ein schönes Leben war das heute Nacht? Und dann in den Traum des Tages startest.

Einfach mal alles andersherum vorstellen!

Wie wäre das?

Vielleicht ist es dann so, als wenn sich ein Schleier hebt, ein Schleier, der dir bisher etwas vorgegaukelt hat, der dich nicht hat erkennen lassen, was wirklich wahr ist und was nicht.

Ein Schleier, der wie eine Nebelwand gewirkt hat, durch die du nicht schauen konntest.

Und dann lichtet sich der Nebel, lüftet sich der Schleier, und vielleicht wirst du das erste Mal so richtig geblendet, weil du jetzt klarsiehst, weil du schauen kannst.

Die Sonne der Wahrheit leuchtet in dein Gesicht, sie wärmt dich und erleuchtet dein inneres Sein.
In diesem Moment.

Du erkennst, was wahr ist. Du erkennst, was wirklich ist.

Und auch, wenn ein Teil in dir immer noch mit Zweifel zu tun haben sollte, hat sich ein anderer Teil längst diesem inneren Wissen geöffnet. Diesem inneren verbunden Sein.
Der tiefen, inneren Erkenntnis von dem, was dich ausmacht, von dem, was du bist.

DU BIST, unabhängig von Zeit und Raum.

Und wenn du magst, öffnest du dich jetzt für diese Erfahrung.

Die folgende Minute ist nur für dich bestimmt.

- Pause

Dann löse dich langsam von deinen inneren Bildern und nimm mit, was du mitnehmen magst, an Erkenntnis, an Gefühl, an Wissen. Und komme dann wieder zurück in diesen Raum, in diese Zeit, werde dir deines Körpers bewusst, vertiefe deine Atmung.

Lass dir Zeit.

Komme in deinem Tempo zurück in deinen Alltag.

Der Zauberspiegel

Heute machst du die Reise in das Land deiner Seele aus einem besonderen Grund:

Du möchtest dich verzaubern lassen, und zwar verzaubern von dir selbst.
Vielleicht weißt du es noch gar nicht, aber jetzt, wo du diese Worte liest, weißt du, warum du diesen Zeilen lauscht. Warum du grad diese Seite aufgeschlagen hast.

Einmal abtauchen in eine heile Welt, alles hinter dir lassen aus deinem Alltag, alle Sorgen, Druck vielleicht, der dein Leben bestimmt oder dich immer wieder zu bestimmen droht. Vielleicht auch Traurigkeit, weil Vieles nicht so funktioniert, wie du es dir erträumt hast.

Wie oft gab es schon Situationen, in denen du zweifellos feststellen durftest, dass du dich von Vorstellungen verabschieden musstest. Verabschieden, weil dir klar wurde, dass du dich getäuscht hattest in Menschen, in Erwartungen an andere, an dich selbst.
Solche Enttäuschungen sind oft schmerzhaft, weil du merkst, dass etwas unwiderruflich vorbei ist.

Und wenn du da drinsteckst, in so einem Abschiedsprozess, dann haderst du vielleicht sogar mit deinem Leben und bist voller Zweifel, ob es jemals wieder gut laufen mag.

Und auch, wenn du dich zurzeit nicht in so einer Phase befindest, kennst du vielleicht solche Situationen und kannst dich erinnern an das Gefühl von Enttäuscht Sein und von Traurigkeit.

So gehst du heute vielleicht ein wenig bedrückt, vielleicht auch niedergedrückt, deine inneren Stufen hinab.

Die Kerzen über deinem Sofa leuchten dir in einem angenehmen Licht entgegen, es scheint, als wenn sie sich heute mehr anstrengen, um dir zu gefallen.
Es kann auch gut sein, dass es dir nicht reicht, um dich beeindrucken zu lassen. Du nimmst sie wahr, und vielleicht zaubern sie ein leicht angestrengtes Lächeln auf dein Gesicht, aber eine fröhliche Stimmung kannst du es nicht nennen.

Oder vielleicht doch?

Spür mal, wie es dir jetzt geht, mit dem Blick auf das Sofa, den orange-roten Teppich, und dem Wissen, gleich in dem Land deines Zuhauses zu sein.

Wenn du ehrlich bist, ist bereits jetzt eine leichte Entspannung eingetreten. Irgendwie hat sie es geschafft, sich einzuschleichen in dein Da Sein, diese leichte Entspanntheit.

Setze dich für einen Moment auf das bequeme, einladende Sofa mit der hohen Lehne, in die du dich fallen lassen und an die du dich anlehnen darfst.
Das darfst du immer, es steht in jedem Moment für dich bereit.

Du weißt das, auch, wenn du es immer mal wieder vergisst.

Dieses Vergessen tritt oft ein, wenn du dich in Ideen verrennst und nicht bemerkst, wie sehr du dein Gefühl von Glück an die Verwirklichung dieser Ideen gehängt hast.

Wenn du erfolgreich bist, dann bist du glücklich, und du meinst, dass du das Sofa nicht brauchst, aber wenn du keinen Erfolg hast, dann bist du oft so enttäuscht, dass du vergisst, dir durch eine Auszeit auf deinem Sofa wieder Kraft zu schenken.

Doch jetzt sitzt du da, und du entscheidest dich ganz bewusst dafür, alles, was dich eben noch beschäftigt hat, abfließen zu lassen, über deine Füße, in den flauschigen Teppich hinein, der alles aufnimmt, einfach so.
Er tut es, weil es seine Aufgabe ist, für dich bereit zu liegen und deinen Füßen zu schmeicheln.

Er nimmt dir alles ab, was deine Füße bisher mitgetragen haben.

Und nach und nach fühlst du dich ein klein wenig entspannter. Und offener. Und gelöster.

Irgendwie befreiter.

Du nimmst dir noch eine kleine bewusste Weile, bis du aufstehst und zur Tür gehst, die die Aufschrift „Dein Zuhause“ trägt.
Dann gehst du hin, hindurch und schließt die Tür wieder hinter dir. (Ende der Einleitung)

Endlich. Jetzt bist du da. Und sofort spürst du, dass es dir besser geht. Es geht dir sogar gut, wenn du ganz ehrlich bist.

So wanderst du beschwingt durch das Land deiner Seele.

Du hast kein Ziel, hier brauchst du keines, denn es ergibt sich alles wie von selbst. Immer ist alles richtig, hier, in deinem Zuhause.

Und so kommst du scheinbar zufällig an einen Ort, der eine besondere Magie ausstrahlt. Ein Ort, der wie ein Märchenwald erscheint, so wie einer, den du vielleicht aus deiner Kindheit kennen magst.

An jeder Ecke gibt es etwas zu entdecken, besondere Überraschungen, Momente, die dich verzaubern, dich wundern lassen, inspirieren und dich einladen, dich einzulassen auf eine besondere Zeit, auf eine Welt wie im Märchen.

Du siehst Feen, Elfen, Schlösser, Tiere, kleine Blockhütten, Zwerge, verschlungene Waldwege, Prinzen und Prinzessinnen, alle sind in ihrer eigenen Geschichte und laden dich ein, mit einzutauchen in ihre Welt. Mit jedem Blick versinkst du für einen Moment in einer von diesen Welten.

Du lässt dir Zeit.
Und in dieser Zeit fühlst du dich wie verzaubert.

- kleine Pause

Nach einer Weile erreichst du ein kleines Häuschen. Durch die Fenster scheint angenehmes Kerzenlicht, und du kannst einen Ofen erkennen, der in der Mitte des Hauses steht. Das Feuer verbreitet eine heimelige Atmosphäre im Haus.
Einen Bewohner kannst du nicht erkennen, aber du schaust, ob die Haustür offensteht oder eine Klingel zu sehen ist, an der du läuten kannst.

Dort siehst du ein Schild, das an der Tür angebracht ist und auf dem geschrieben steht:

„Das Haus der Wünsche. Tritt ein in das Land deiner Träume".

Sehr reizvoll, denkst du, und es zieht dich hinein, in das Haus der Wünsche. Neugierig bist du auf das, was dich erwartet.

Das Haus ist sehr geschmackvoll eingerichtet, und du scheinst erwartet gewesen zu sein; ein warmer Tee steht in der Küche auf einem Tisch bereit.

Aber du gehst erst weiter in den Raum mit dem warmen Ofen.

Dort schaust du dich in Ruhe um, bis du vor einem großen Spiegel stehst. In ihm spiegelt sich das Feuer des Ofens und es scheint dadurch so, als wenn das Feuer überall brennen würde. Der Spiegel vervielfacht alles. Magisch.

Und dann schaust du direkt hinein in diesen Spiegel.

Das Bild, das du von dir erblickst, verzaubert dich sofort:

Was du siehst, bist nicht du, oder irgendwie doch, aber irgendwie anders schaust du aus.
Du wirkst klar, rein, makellos, zufrieden, glücklich, schön und strahlend.

Für einen Moment fragst du dich, ob Du das wirklich bist.

So schön hast du dich ehrlicherweise noch nie gesehen.

Und du ertappst dich dabei, einen Makel zu suchen in diesem Spiegelbild von dir.
Du findest keinen.
Unabhängig davon, was du betrachtest, deine Augen, deinen Körper, dein Gesicht, deine Haaren, die Kleidung, die du trägst.
Deine ganze Ausstrahlung scheint wunderschön. Du kannst nichts finden, was dir nicht gefällt.

Alles ist schön.

Auch dein Alter erscheint dir positiv.
Es ist, als wenn du dort im Spiegel sogar alterslos erscheinen würdest.

Plötzlich erscheint ein Schriftzug im oberen Abschnitt des Spiegels:

„Erkenne dich, wie du gemeint bist".

Es folgt:

„Hier siehst du die beste Version von dir selbst. Probiere es aus."

Du lässt die Worte auf dich wirken, im Moment weißt du noch nicht genau, wie und was du ausprobieren kannst.
Das Einzige, was du weißt, ist, dass dich dein Spiegelbild und die Worte, die auf dem Spiegel zu lesen sind, beeindrucken.

„Die beste Version von dir selbst", wie ist das wohl gemeint?

Bedeutet es, dass du sonst nicht das Beste von dir zeigst und lebst?

Bedeutet es, dass du mehr aus dir herausholen könntest, oder, mehr sein kannst?

Du erinnerst dich an einige Situationen in deinem Leben, in denen du dich gerne anders erlebt hättest, in denen du mehr von dir hättest zeigen können, in denen du dich aber nicht getraut hast.

Und du erinnerst dich an viele Situationen, in denen du dich selbst nicht mochtest.

Ein bisschen wehmütig wirst du, wenn du dich jetzt in diesem Spiegel siehst.

Schön findest du dich, so rein, so klar, so makellos.
Bei dem Wort Makel bleibst du hängen, du fragst dich, wer eigentlich diese Makel, die du sonst an dir siehst, hinzufügt.

Wenn du ehrlich bist, und hier in deinem Zuhause kannst du immer nur ehrlich sein, dann wird dir klar, dass du selbst es bist.

Du siehst Makel an dir.
Du achtest auf das, was dir nicht gefällt, was vielleicht noch besser sein könnte.
Du verurteilst dich oft für das, was du noch nicht kannst, was du schlecht gemacht hast, oder was an deinem Körper aus deiner Sicht nicht schön genug ist.

Und wieder schaust du in den Spiegel.

So hättest du dich immer sehen können, egal, welcher Pickel auf deiner Nase ist, egal, ob du eine Prüfung bestanden hast oder nicht, egal, ob du teure oder günstige Kleidung trägst.

Du schaust dir in die Augen, in deinem Zauberspiegel.

Freude kannst du in ihnen erkennen. Eine Freude, die man empfindet, wenn man einem lieben Menschen begegnet, den man lange nicht mehr gesehen hat.

Und wieder wirst du wehmütig, weil du erkennst, wieviel Schmerz du dir immer dann zugefügt hast, wenn du dich schlecht gemacht hast. Und wie gut es tut, dich selbst in so gutem Licht zu sehen.

Es ist, als wenn die Augen im Spiegel deine gedankliche und gefühlsmäßige Reise mitbekommen haben. Sie scheinen dich trösten zu wollen.

Und es fühlt sich an, als wenn sich liebevolle Arme um dich ausbreiten und dich für einen Moment lang halten wollen.

Du lässt dich halten, in diesem zeitlosen Augenblick.

Dann schaust du wieder in den Spiegel.

Er hat sich verändert.
Aus dem Bild im Spiegel ist ein Film geworden. Ein Film mit Bildern und Geschichten aus deinem Leben.
Du erinnerst dich sofort an die Situationen, die in deinem Lebensfilm gezeigt werden. Auch, an die Gedanken und Gefühle, die du in den dargestellten Momenten hattest.

Aber eins ist anders, und jetzt bemerkst du den Unterschied sofort.
In jeder dieser Situationen kannst du anschauen, wie du hättest sein können, wenn du die beste Version deiner selbst gelebt hättest.

Der entscheidende Unterschied ist gar nicht groß, aber doch bedeutungsvoll. Es ist ein inneres Lächeln, das du ausstrahlst, und es ist ein Lächeln, das dir von anderen Menschen zurückgespiegelt wird.
Du lächelst, du strahlst innerlich, in jeder Situation, egal, was sie beinhaltet, als wenn du dich bedanken möchtest für das, was du im jeweiligen Moment erlebst. Als wenn du wüsstest, dass diese Erfahrung zu deinem Lebensplan dazugehört.

Liebevoll betrachtest du deinen Film bis zum Ende, bis zu dem Zeitpunkt, an dem du jetzt in deinem Leben stehst.

Und du siehst dir wieder in deine Augen. Sie sprechen mit dir.

Du weißt, was sie sagen:

Du bestimmst, wie du dein Leben erleben willst.
Du entscheidest, welche Ausrichtung du dir selbst gibst. Es ist deine Haltung zu dir und zum Leben.

Entscheide dich: hast du ein inneres *Ja* zu deinem Leben und zu dir? Oder ein *Nein*?

Sofort strahlen dich deine Spiegelbildaugen ein wenig mehr an. Sie scheinen sagen zu wollen:

Sag Ja zu dir selbst und zu deinem Lebensplan!

Du weißt, dass du recht hast, *du*, in deinem Zauberspiegel.

- Pause

Liebevoll und mit einem Gefühl von Verbundenheit verabschiedest du dich von dir selbst. Das Bild von dir in diesem Spiegel ist tief eingebrannt in deiner Erinnerung. Du nimmst es mit.
Und wirst dich erinnern jedes Mal, wenn du im Alltag in einen Spiegel schaust.
Und du wirst dich erinnern, wenn du dich in anderen Menschen siehst.

Tief versunken in das, was du erlebt hast, gehst du langsam zurück aus dem Haus der Wünsche.

Du begibst dich auf den Rückweg aus dem Land deiner Seele hin zu der Tür, die dich hinausführt.

Du bestimmst das Tempo und du weißt, was du dabei beachten musst.

Das Glück

Vielleicht hast du sogar ein mulmiges Gefühl, wenn du diese Überschrift liest. Es geht um „das Glück". So einfach ist es wohl nicht zu haben, denkst du womöglich.

Vielleicht treibt dich aber auch die Neugier hin zu dir und zu deiner Zeit in deinem Seelen-Zuhause.

Entscheide dich bewusst und unabhängig davon, ob du jetzt glücklich bist oder nicht. Denn du weißt, nach der Zeit mit dir und deiner Seele hast du immer irgendetwas mehr verstanden als zuvor, geht es dir in der Regel besser als vorher, und du fühlst dich bisweilen mehr im Einklang mit dir selbst.

Und mit dieser Ausrichtung gehst du in deinem Tempo hinab in deine eigene Seelenbilderwelt. Du bestimmst, wann du die Tür öffnest und hindurchgehst.
(Ende der Einleitung)

Vor deinem inneren Auge entstehen die ersten Bilder. Sie entwickeln sich einfach, weil du deiner Seele hier so nah bist.

Eigentlich ist sie *dir* immer nah, nur *du* bemerkst es oft nicht.

Eigentlich versteht sie *dich* immer, nur *du* hörst ihr oft nicht zu.

Diese Erkenntnis macht dich ein wenig nachdenklich, denn du weißt, dass du oft glücklicher und zufriedener sein könntest, wenn du auf deine Seele hören würdest.

In Gedanken versunken spazierst du einfach weiter durch die Landschaft deiner Seele. Bis ganz unerwartet ein Schriftzug vor deinem inneren Auge erscheint:

„Jeder ist so glücklich, wie er sich entscheidet zu sein".

Dieser Satz trifft dich unvorbereitet und vielleicht trifft er dich deswegen so tief.

Bisher hast du Glück oft an äußeren Umständen festgemacht.
War das Wetter regnerisch und trüb, war das Wetter dafür verantwortlich, dass du in gedrückter Stimmung warst.
Hat die Sonne den ganzen Tag über geschienen, waren deine Voraussetzungen besser, um gut gelaunt zu sein.
Aber glücklich?
Dafür war mehr nötig als Sonnenschein.
Ein dampfender Kaffee am Morgen war vielleicht ein guter Start in den Tag, aber nicht um 06.00 Uhr morgens.
Und viel Verkehr auf der Straße und rote Ampeln, obwohl du es eilig hattest, waren der guten Laune eher abträglich.
Da konnte sich die Sonne zwar anstrengen mit ihrem Strahlen, aber glücklich warst du deswegen noch lange nicht.

Du wolltest wenig Arbeit und viel Geld, nette Freunde und eine Familie, ein schickes Auto und eine schöne Wohnung, und du wolltest Menschen um dich herum, die dir freundliche Dinge sagen und nicht an dir herummäkeln.
Und Menschen, die erkennen, was du haben möchtest, ohne, dass du es sagen musst, wolltest du auch.

Das alles hast du nicht oder nur zeitweise, und dafür hast du bisher oft die anderen Menschen verantwortlich gemacht, oder die Umstände in deinem Leben.

Und jetzt dieser Satz:

„Jeder ist so glücklich, wie er sich zu sein entscheidet".

Du kannst ihn drehen und wenden wie du willst, am Ende bleibst immer *du* in der Verantwortung. Es ist *deine* Entscheidung, ob und wie glücklich du bist. Du entscheidest dich. *Du* hast die Wahl.

Das kann doch nicht wahr sein, denkst du vielleicht innerlich. Wie soll ich denn glücklich sein, wenn ich so einen Chef habe? Oder so wenig Geld?
Oder so eine kleine Wohnung?
Oder Freunde, die sich nicht melden, wenn ich sie brauche?

Vielleicht regen sich auch Widerstand und Ärger in dir.

Warum hast du nur diesen Satz gelesen?
Wer hat ihn geschrieben?
Vielleicht hat dieser Jemand sich vertan?

Wie auch immer.

Du könntest in Erwägung ziehen, dass etwas Wahres dran ist, an diesem Satz.
Und du bemerkst, dass tief in dir etwas anklingt, das erst jetzt Gehör finden darf, weil es auf Resonanz stößt.

Tief in dir meldet sich ein kleines Ja.
Ein Ja, das größer werden mag.

Ja, es stimmt, sagt dieses Ja. Du könntest glücklich sein, egal, ob es regnet oder schneit, ob die Sonne scheint oder nicht.
Ob du Erfolg hast oder keinen.

Weil es ein anderes Glück ist, das gemeint ist.

Es ist eine tiefe Zufriedenheit mit dem Sein an sich, mit dem Leben. Du könntest es unendliche Glückseligkeit nennen, die aus dem tiefen Wissen herrührt, wer du bist.

Ein Glücklich sein, das vom *Sein* bestimmt ist.

Und so scheint es der Satz auch gemeint zu haben.

Es ist eine Form von Sein, das Glück zur Folge hat.

Ein Sein, das alle Gegensätze einschließt und Ja zu ihnen sagt, zu Freud und Leid, zu Krankheit und Gesundheit, zu Geburt und Tod, zu Freund und Feind, zu Abschied und Neubeginn.

„Jeder ist so glücklich, wie er sich entscheidet zu sein".

Wenn du dich entscheidest, reines Sein zu sein, bist du glücklich.

Wenn du dich entscheidest, glücklich zu sein, ist Sein die Folge.

Von der Entscheidung hängt es ab. In jedem Moment.

Du hast die Verantwortung für diese Entscheidung. Und das macht es vielleicht so schwer.

Glück ist, wenn alles sein darf, wie es ist. So könntest du es auch formulieren. Und du weißt, es steckt eine Menge Arbeit für dich darin, wenn du diese Philosophie leben willst. Wenn du sie *sein* willst.

Und bereits in diesem Moment entscheidest du dich für dein Maß an Glück.

Nimm dir die folgenden Minuten Zeit, um nachzuspüren.

- Pause

Löse dich erst dann aus deiner inneren Seelenwelt, wenn du so weit bist. Und du weißt, was dabei wichtig ist. Beachte dein Tempo, öffne die Tür, gehe hindurch und schließe sie wieder hinter dir.
Komm erst dann in deinen Alltag zurück, wenn du dich bereit dafür fühlst.
Und nimm dein Maß an Glück mit hinein, in deine Lebenswelt.

Der Mond in dir

Du entspannst dich ganz bewusst nach diesem langen Tag.
Es ist, als wenn du noch einmal Revue passieren lässt, was dir heute so begegnet ist, ohne direkt noch einmal mitzugehen mit den Ereignissen. Die Gefühle, die bestimmte Situationen ausgelöst haben, erinnerst du nur noch leicht, sie lösen keine intensiven Wellen mehr in dir aus. Du hast Abstand zu ihnen gewonnen und das ist gut so.
Und falls du noch an einer Situation hängen bleiben solltest, dann atmest du ganz bewusst tiefer aus, vielleicht mit einem Seufzen. Es hilft dir, loszulassen.
Du praktizierst diese Atmung gerne, bis du ganz von selbst damit aufhörst. Dann weißt du, dass du tiefer in deine Entspannung hineingesunken bist und losgelassen hast.

Und dann ist es soweit.
In dir eröffnet sich deine ganz eigene Seelenbilderwelt.
Ein Gefühl von Zuhause stellt sich ein. Du verbindest dieses Gefühl mit Geborgenheit, Sicherheit und mit Fallenlassendürfen. ...
(Ende der Einleitung)

Du beginnst, mit ruhigen Schritten durch deine innere Seelenbilderwelt zu wandern.
Heute zieht es dich an einen besonderen Ort. Hier warst du lange nicht mehr und so wurde es mal wieder Zeit, dass du *dir* hier für dich Zeit nimmst. Hier kannst du vollständig abschalten, deinen Gedanken nachhängen, sie auch in Ruhe ordnen, wenn es sein muss. Und irgendwie passiert das hier von ganz alleine. Es ordnet sich in dir. Alles sortiert sich: Prioritäten, Wertigkeiten, Gefühle, Erkenntnisse. Danach fühlst du dich immer viel mehr bei dir und sicher mit dem, was dir wichtig ist.

Und dafür brauchst du deinen Seelen-See.

Immer wenn du hier bist, kommt dir der Gedanke, dass dieser See nur für dich angelegt wurde. Nie hast du irgendjemanden gesehen, nie hast du diese Bilder mit jemandem geteilt. Der See mit seiner umliegenden Landschaft und der ganz besonderen Atmosphäre scheint nur für dich gemacht zu sein.

Eine kleine Holzbank liegt versteckt zwischen Bäumen, so platziert, dass du direkt deinen See betrachten kannst. Die Bank ist nah am Ufer und doch weit genug entfernt, damit du sicher und geschützt dort sitzen kannst. Der ganze See eröffnet sich dir von dieser Bank aus. Wie ein Panorama, nur für dich inszeniert. ...

Heute ist ein besonderer Abend, der Vollmond ist angekündigt und der Himmel wird wolkenlos sein. Deswegen bist du hier.

Der Mond am Himmel und du an deinem Seelen-See.

Allein die Vorstellung hat dein Herz höherschlagen und dich Abstand nehmen lassen von all den zehrenden Alltagsangelegenheiten, die manchmal so sinnlos erscheinen, gerade angesichts der Schönheit, die sich *dir* hier zeigt. Und voller Vorfreude nimmst du Platz auf der Bank zwischen den Bäumen, den schützenden Wald im Rücken.
Du atmest tief aus, so erleichtert fühlst du dich, endlich hier zu sein. Die Luft ist mild, kein Wind weht, und die Vögel haben ihr abendliches Konzert bereits beendet. Stille liegt über dem See.

Obwohl es schon spät ist und der Himmel dunkel, kannst du noch gut sehen. Ein leichtes Glitzern liegt auf dem Wasser. Dieses Glitzern zieht sich wie eine strahlende und breite Linie weit über den See. Fast reicht sie bis hin zu dir. Du ahnst, woher es kommt.

Denn der Mond beginnt, über den Baumwipfeln aufzusteigen.
Und es dauert nicht lange, bis er in seiner ganzen Pracht zu sehen ist. Zunächst sieht er orange und gelblich aus, bevor er sich nach und nach in ein tiefes mildes Weiß-Gelb verwandelt.
Er scheint ganz nah zu sein. Sogar die Formen auf dem Mond kannst du wahrnehmen.
Sein Strahlen spiegelt sich im See bis hin zu dir. Du weißt gar nicht, wo du zuerst hinschauen sollst. Zum großen runden Mond

am Abendhimmel oder zum glitzernden Spiegelmond auf deinem Seelen-See. Beide sind so wunderschön und magisch, sie unterscheiden sich gar nicht, oder doch?

Noch kannst und willst du dieser Frage nicht nachgehen, denn es scheint fast so zu sein, als wenn sich in dir ein weiterer Mond zu spiegeln beginnt. Dieser ist nicht zu sehen, er macht sich eher als Gefühl bemerkbar und wird immer größer und intensiver. Es fühlt sich an wie eine Quelle in dir, die zu fließen beginnt. Alle Gefühle, die du jemals gefühlt hast, vereinen sich dabei zu einem einzigen.

Du weißt, manche würden es Liebe nennen, andere vielleicht Dankbarkeit, wieder andere Demut, du würdest es eher als reines Erfüllt Sein oder ein Gefühl von Eins Sein beschreiben.
Für einen Moment genießt du es einfach.

- kleine Pause

Und wieder schaust du zu deinem Seelen-See.
Der Spiegelmond im See und der Mond am Himmel sind kaum zu unterscheiden. Sie gleichen sich. Sie scheinen getrennt und doch verbunden zu sein. Wie zwei und eins.

- Pause

Plötzlich beginnt ein aufkommender Wind leichte Bewegungen auf deinen ruhigen Seelen- See zu bringen.
Der Mond im Spiegel auf dem See verblasst und nur ein leicht verzerrtes Strahlen bleibt auf den Wellen des Sees zurück.

Ist der Spiegelmond zum Mond am Himmel zurückgekehrt?

Hatte er überhaupt ein eigenes Wesen, eine eigene Identität?

Du spürst in aller Ruhe diesen Fragen nach. Du ahnst, dass diese Fragen auch etwas mit dir selbst zu tun haben.

- Pause

Dann verabschiedest du dich langsam von deinem inneren Seelen-See und kehrst zurück auf dem Weg, auf dem du hergekommen bist. Die Gedanken an ihn begleiten dich.

Nimm dir Zeit, um wieder ganz bei dir anzukommen und kehre erst dann in deinen Alltag zurück, wenn du dich bereit dafür fühlst.

Die Vision

Für dieses letzte Mal entscheidest dich dafür, dir eine bequeme Unterlage zu suchen und dich für die Seelenreise hinzulegen.
Und auch, wenn du sitzen musst, weil es für dich leichter ist, weißt du, wie du dir alles, was du brauchst, geben kannst, um so entspannt wie möglich zu sein.
(Ende der Einleitung)

Du legst dich bequem auf den Rücken, und deine Beine streckst du mindestens hüftbreit auseinander, deine Füße fallen dabei nach links und recht außen zur Seite.
Deine Arme liegen mit Abstand zu deinem Körper und du schiebst sie ganz bewusst noch einmal ein Stückchen weiter raus.

Die Handflächen öffnest du zur Decke, und du spreizt deine Finger auseinander.
Überprüfe, ob deine Muskeln im Gesicht entspannt sind, die Kiefermuskulatur beißt sich gerne fest, ohne dass uns dies bewusstwird.

Spüre, wie du einfach so da liegst, dich nach oben hin öffnest, und nach unten hin fallenlässt.
Spüre, wie du alles an Anspannung loslassen kannst.

Und vielleicht magst du mit der Ausatmung einmal seufzen, um wirklich sicher zu sein, dass alles, was vielleicht noch an Anspannung in deinem Körpersystem vorhanden ist, jetzt deinen Körper verlässt.
Und vielleicht magst du es noch ein zweites Mal tun.

Immer wieder sammelt sich etwas an, was uns verspannen lässt, und wir merken gar nicht, dass wir eigentlich nur loslassen müssen.

Oft halten wir etwas fest, Gedanken, Glaubensmuster, Gefühle, Erwartungen, alte Geschichten.
Sie alle binden uns an die Vergangenheit und lassen uns nicht frei sein, nicht offen für das, was kommt, und vor allem nicht offen für das, was ist.
So sehr sind wir verwickelt in das, was war.

Wenn du magst, nimm dir jetzt noch eine kleine und bewusste Weile, um dir darüber klar zu werden, an was du immer noch hängst.

Steige gar nicht so tief ein in die einzelnen Themen, sondern sammele eher so etwas wie Überschriften, die du alle in einem kleinen Schälchen zusammenbringst.

Tu das ganz bewusst und in dem Wissen:
Die Vergangenheit ist vorbei. Unwiederbringlich vorbei.
Vielleicht hast du Fehler gemacht.
Vielleicht haben andere Menschen Fehler gemacht.
Vielleicht wurdest du verletzt. Du hast andere sicher auch verletzt.
Und jetzt ist es vorbei.
Lass es sein wie es war. Und falls du denken solltest, dass noch eine Entschuldigung oder eine Vergebung aussteht, dann lass sie mit einfließen in deine Sammlung von Themen.

- Pause

Wenn du alle Überschriften eingesammelt hast, gehe in Gedanken hinaus auf eine schöne Wiese, an einen Bach oder in einen Garten. Dann gebe den Inhalt deines Schälchens hinein in den Wind, oder in den Bach, oder in die Erde. Du kannst auch alles verbrennen, wenn du das am wirkungsvollsten findest.

Tue es jetzt.

Lass los.

Spüre, wie dich die alten Themen verlassen, wie sie sich nach und nach auflösen, im Wasser, im Rauch, in der Erde.

Verabschiede dich.

Und dann fühle.
Fühle, wie es sich anfühlt, frei zu sein.
Fühle, wie sich dieses Gefühl in dir entwickelt und größer wird.

Spüre dann, wie es ist, wenn du dich wirklich öffnen kannst für das, was ist, weil du frei von Altem bist.

Erst jetzt bekommst du eine Ahnung von dem, was du in deinem Leben alles gestalten kannst, weil du erst *jetzt* alle deine Kräfte, all deine Energie zur Verfügung hast.

Und du bemerkst, welche ungeahnten Möglichkeiten sich plötzlich auftun in dir.

Und vielleicht musst du einmal tief durchatmen, weil es sich unfassbar groß anfühlt.

Versuche, in diesem „Groß sein" zu bleiben.

Und lass es größer werden, wie ein Land, wie ein Meer voller Möglichkeiten.

Und aus diesem Meer an Möglichkeiten nimm dir die größte und beste Vision heraus, die beste, die du dir jetzt vorstellen kannst.

Und Vorstellen ist vielleicht gar nicht das passende Wort, weil du es eher fühlen kannst, wie es ist, wenn sich deine schönste Vision erfüllt hat. Wie es ist, wenn *jetzt* alles so ist, wie du es dir schon immer gewünscht hast.

Jetzt ist es da, weil du frei bist.

Weil dir alle Möglichkeiten offenstehen.

Jetzt darfst und kannst du dir dein Leben in allen Farben ausmalen, die es für dich hat und haben darf.

Und ja, vielleicht ist es die liebevollste Beziehung, die du dir vorstellen kannst, oder das Ausüben deines Traumberufes oder das Leben in einem Land, in dem du eigentlich immer leben wolltest.

Spüre, was sich erfüllt, wenn diese Wünsche wahr geworden sind.

Beginne jetzt, diese Vision auszuweiten, vielleicht auf die folgenden Monate, das kommende Jahr.
Stelle dir vor, dass es genauso abläuft, wie du es dir erträumst, ohne die Wege dahin jetzt schon kennen zu müssen. Sie werden sich ergeben.

Jetzt bist du bereits am Ziel, und wie du dahin gekommen bist, ist unwichtig geworden. Weil du da bist, angekommen. Am Ziel deiner Vision für deine Zukunft.

Und wenn du magst, malst du jetzt Deine Zukunftsvision in den buntesten Farben, die sie für dich haben kann.

Es ist, als wenn die Stifte in deinen Händen geführt werden, weil du verbunden bist mit einer inneren Kraft, die dich führt. Und du lässt dich führen.
Du malst deine Zukunft, jetzt, und gleichzeitig erfüllt sie sich schon.

Alles ist da, hier und jetzt. Spüre es.

Und bleibe in diesem Gefühl, in dem Bild deiner Vision, die sich in diesem Moment erfüllt hat.

- Pause

Und wenn du magst, segne deine Vision mit Dankbarkeit.

Dann komm langsam wieder zurück, zurück in diesen Raum, in diese Zeit, nimm mit, was mitgenommen werden möchte.

Vertiefe deinen Atem, werde dir langsam wieder deines Körpers bewusst, und beginne, ihn zu bewegen.

So, wie es für dich passt. So, wie dein Körper es anfordert.

Und nimm dir die Zeit, die du brauchst, um in deinem Tempo zurückzukommen in den Sitz.

Spüre ein letztes Mal nach:
Wie fühlt sich dein Körper an?
Welches Gefühl ist jetzt wahrnehmbar?
Wie ruhig ist dein Geist?

Und dann senke den Blick, lege deine Hände auf den Boden vor dir, und bedanke dich bei dir selbst.

Gehe zurück in deinen Alltag, wenn du dich bereit dafür fühlst.

Nachwort

Dein Seelenzuhause ist in dir!

Diese Erkenntnis hast du hoffentlich für dich gewonnen und hoffentlich auch sicher in dir verankert. Durch diese Sicherheit kannst du dir immer wieder Kraft schenken, weil du weißt, dass du sie in dir findest.

In dir ist der Ort, an dem du auftanken kannst, in dir ist das Glück, das sich nur in dir in Vollkommenheit zeigt, in dir sind all die Anteile, die verschiedene Aspekte deines Seins widerspiegeln, und nur in dir sind Liebe und Güte zuhause.

Alles bist du!

Und falls du zwischenzeitlich unsicher oder ratlos sein magst, weißt du, was du tu kannst. Du kannst hinabsteigen in dein Seelen-Zuhause und dir Rat einholen. Du wirst wissen, wen du fragen darfst. Und immer dann, wenn du glücklich bist, dann weißt du, woher es kommt. Es kommt aus dem Zuhause in dir.

Genieße dein Dasein in jedem Augenblick, unabhängig davon, was passiert. Das lässt dein Leben rund und erfüllt sein.
Du brauchst dich nur zu erinnern, falls du es vergessen solltest.
Erinnere dich, immer wieder!

Sei lieb gegrüßt

Ines

Über die Autorin

Die Schwerpunkte meiner Arbeit liegen in der Förderung und Begleitung persönlicher Entwicklung.

Wenn du magst, besuche gerne meine Internetseite. Dort findest du Informationen und auch einen Blog zum Herumstöbern. Falls du dir ein persönliches Gespräch wünschst, melde dich gerne unter den unten angegebenen Kontaktmöglichkeiten.

Kontakt zur Autorin

Ines Maiwald (Leue)

Maiwald.ines@gmx.de

www.inesmaiwald.de

ines.leue auf Instagram

Diese 2 Bücher sind ebenfalls von mir

Finde dein inneres Kind in dir

ISBN: 978-3-96738-255-6

Finde dein
inneres Kind in dir
Ines Leue

Heilende Übungen,
Meditationen und Geschichten,
um dein inneres Kind wahrzunehmen
und dich wieder liebevoll zu verbinden

Das Innere Kind ist ein hilfreiches Konzept, mit dessen Hilfe wir verstoßene und ungeliebte Anteile von uns selbst kennen- und lieben lernen können. Dass wir ungeliebte Teile in uns haben, erkennen wir daran, dass wir oft oder grundsätzlich unglücklich sind, oder dass manche Menschen uns schnell in Aufruhr versetzen können, ohne dass wir wissen, was dies mit uns zu tun hat. Ungeliebte Anteile machen sich auch dadurch bemerkbar, dass wir bestimmte Gefühle vermeiden oder Sorge davor haben, zu versagen, unangenehm aufzufallen, beschämt oder abgelehnt zu werden.

Die Frage ist also, wie wir uns mit diesen Anteilen aussöhnen und sie lieben lernen können. Eine Antwort gibt dieses Buch.

Du lernst, wie du dich selbst wieder fühlst. Denn Fühlen ist eine Grundvoraussetzung dafür, dass du dich mit deinem Inneren Kind verbinden kannst. Dein inneres Kind möchte wahrgenommen werden. Und zum Wahrnehmen gehört, dass du ihm zuhörst und es wichtig nimmst.

Du lernst, Gefühle einzuladen und dich mit ihnen zu beschäftigen. Das sind zunächst natürlich unangenehme Gefühle, also die, die du nie wieder fühlen wolltest. Dein inneres Kind repräsentiert sie. Und Kinder sind nicht immer angenehm für uns. Sie benehmen sich gerne auf eine Art und Weise, die uns gar nicht behagt. Sie sind trotzig, bockig, frech, fordernd, widerspenstig, unversöhnlich, wütend und manchmal unnachgiebig. Das sind sie aus einem guten Grund: sie möchten wichtig genommen und endlich anerkannt werden. Sie sehnen sich nach Versöhnung. Aber eigentlich sind sie sehr traurig, denn sie wünschen sich nur, von Herzen geliebt zu werden.

Wenn du dich deinem Inneren Kind zuwenden und dich wieder eins mit ihm fühlen magst, dann ist dieses Buch das richtige für dich. Es nimmt dich an die Hand und führt dich auf einen Weg hin zu dir selbst. Denn dein Inneres Kind bist du. Es sind die Anteile von dir, die du bis jetzt nicht wolltest und nicht mochtest. Erinnere dich und werde wieder eins mit dir selbst.

Die Seelenwärmer Apotheke

ISBN: 978-3-96738-165-8

Durch die Seele gewärmt zu werden in Zeiten, in denen wir uns nach Wärme und Geborgenheit sehnen. Das findest du in dieser Seelenwärmer- Apotheke.

Vielleicht assoziierst du den Begriff Apotheke auch mit „Hilfe in der Not“, einem guten Rat zur rechten Zeit, mit netten Menschen, die genau wissen, was dir jetzt guttut.

DU wirst dieser Mensch sein, der in sich findet, was ihm guttut. In dir wartet deine Seele darauf, dass du ihr zuhörst, dass du ihrem Rat vertraust. Wenn du ihren Rat beherzigst, dann wird dir warm ums Herz. Das spürst du sofort, wenn du achtsam bist. Daran wirst du erkennen, dass du richtig liegst und deinen Weg gefunden hast.

Immer wieder gibt es Momente in unserem Leben, in denen wir zweifeln und nicht wissen, ob wir noch auf unserem ureigenen Weg unterwegs sind. Momente, in denen wir mehr Fragen als Antworten haben. Momente, in denen wir uns ratsuchend umschauen und hoffen, den entscheidenden Impuls zu bekommen, um die Richtung zu finden, die uns den Weg weist. Unsere Seele spricht immer mit uns, aber nicht zu jeder Zeit sind wir in der Lage, ihre Botschaft zu verstehen. Und so kann es hilfreich sein, ein Buch in die Hand zu nehmen, es aufzuschlagen, und vielleicht den ersehnten Hinweis zu erhalten.

In diesem Seelenwärmer-Buch findest du 66 Wörter, die dich mit impuls-gebenden Fragen, einem kurzen Text und einer Meditation leiten können, die Antwort, die du suchst, in dir zu finden. Das, was du dazu beiträgst, ist, dich hineinzugeben in dich selbst, denn dort bist du deiner Seele nah. In dir selbst findest du die Wärme und Geborgenheit, die dich trägt und nie verlässt. Denn sie kommt von deiner Seele. Lass dich durch sie berühren und wärmen, wann immer es in dir danach ruft.

Auszug aus dem Verlagsprogramm zum Thema „Entspannung“

Entspannungsgeschichten und Fantasiereisen für Erwachsene
ISBN: 978-3-96738-033-0 (von Angelina Schulze)

Traumreisen für Kinder aus Paulines Träumezauberstab
ISBN: 978-3-96738-074-3 (von Angelina Schulze)

Fantasiereisen für Groß und Klein
ISBN: 978-3-96738-254-9 (von Simone Merle Waese)

Meditationen Seelenruhe Doppelband 1 und 2
ISBN: 978-3-96738-208-2 (von Petra Silberbauer)

Ich relaxe – Mit Entspannungsgeschichten und Meditationen durch das Jahr
ISBN: 978-3-96738-205-1 (von Petra Silberbauer)

Meditation, heilsames Abenteuer für Körper, Geist und Seele
ISBN: 978-3-96738-199-3 (von Dr. Michelle Haintz)

Entspannungsübungen und Entspannungstipps für Körper, Geist und Seele ISBN: 978-3-96738-177-1 (von Angelina Schulze)

Autogenes Training – Anleitung und Übungen für Erwachsene
ISBN: 978-3-96738-178-8 (von Angelina Schulze)

Lenormandkarten Fantasiereisen
ISBN: 978-3-96738-245-7 (von Angelina Schulze)

Spirituelle Fantasiereisen für Erwachsene
ISBN: 978-3-96738-241-9 (von Angelina Schulze – 2023 in Planung)

Hypnotische Fantasiereisen für Erwachsene zum Entspannen und Träumen (Band 1 bis 3 von Angelina Schulze – 2023 in Planung)

Und noch viele weitere Bücher ...